人見知りさんがどこでもラクに過ごせるようになる

30ステップで

In 30 steps, shy people will feel at ease anywhere.

Asayo Toritani
鳥谷朝代
あがり症克服協会代表理事

こんな経験、ありませんか。

- クラス替えや進学がある、春がきらい
- 名刺交換は、相手から声をかけられてする
- 職場の人と退社のタイミングがかぶったときは、わざとゆっくり帰り支度をする
- 上司とうっかり同じエレベータになろうものなら、「ちょっと忘れ物が…」と言って立ち去る

困ったことやわからないことがあっても、誰にも聞けず、自力でなんとかしようとする

飲み会やイベントに誘われても、架空の用事を作って断る

会議での第一声は、たいていかすれ声か、タンがからむ

…ハイ、すべて過去の私です。

はじめに

（あなたと、暗黒側だった私に）

私は幼いころから、重度の人見知りでした。

それはもう、物心つく以前、赤ちゃんのころから。

母が自分の実家へ泊まりで連れて行ったときも、ずっと泣き止まず、仕方なく夜中にタクシーで帰ったというエピソードもあります。

自分の実家にも泊まりに行けないなんて、母には本当に申し訳なかったと思います……

遊園地や動物園、デパートやおもちゃ売り場に出かけても、はしゃいでどこかへ行ってしまうなんてことは絶対になく、母のスカートをギュッと握りしめ、誰かが来るとすぐに母の後ろに隠れていたそうです。

お正月、お誕生日会、クリスマス会……

親戚や友達が集まる楽しいイベントでも、常に笑顔がなく、周囲に怯えているような子どもでした（証拠写真がたくさん残っています。苦笑）。

祖父母からは、「懐かないから可愛くないなぁ…」などと（半分冗談でしょうが）困惑気味に言われていたとか。

学生時代、そして社会人になっても、根本部分は変わりませんでした。

その私が、です。

今や、多いときは1日で100人以上の初対面の人と会っています。

そして、この仕事が心から好きです。

自分の人生のうち、20代までの重度の人見知り期間を「暗黒期」、30代以降を「パラダイス期」と自ら呼んでいるのですが、大げさでなく、まったく違う人生を2度生きているような感覚すらあります。

人見知りは決して悪ではない。

それは大前提として、両方の人生を生きてきた私だから確実に言えるのは、

生きづらいのは前者、生きやすいのは後者です。

とはいえ、人見知りの人にとって、いきなり大勢の人が集まる場所に参加するとか、初対面の人に話しかけることは、かなり

ハードルが高いことだと思います。
かえって自信をなくしてしまうことも。

そこでこの「30ステップ」は、難易度低め（まずは家で自分ひとりでできること）からスタートしています。

1日1ステップなら、1か月かけて徐々にレベルアップしていけます。

できないところ、難しいところは飛ばしたり、後回しにしても構いません。

各ステップの最後にメモ欄を設けてありますので、日付と、気づいたこと、行動したことなどを書いてみてくださいね。

小さなチャレンジを積み重ねていくと、1か月後には違う自分に出会えるはず！

明日からの「小さな冒険」をお楽しみに！

もしよかったら…

STEP

1

「人見知りをどうにかしてやってみたいこと」を想像して目標を持つ

人見知りをどうにかしたいって思っても、じゃあどうすればいいか、難しいところがありますよね。

「自分からコミュニケーションをとりましょう！」

「自分に自信を持ちましょう！」

……とかって、よく見たり聞いたりしますけど、それができたら苦労しないわけで。

「人見知りを治すには、人とたくさん接する」。

ノット人見知りに改善策を聞くと、たいていこう言われてしまい、

「まさにおっしゃるとおり、正論です」で撃沈……

結果、どうせ気持ちはわかってくれないからと、陽キャの人とは距離を置くし、ストレスがたまるから人が集まるところも避けるようになる。

そういう行動をすることがまた、人見知りになるという悪循環。

そんなこともまた、重々承知なんですよね……

じゃあ、**そんな自分が好きか**といえば？

一生このままでいいかといえば？

もちろん、違いますよね。

「私は人見知りだから、ひとりが好き。一生ひとりでいたい」

かというと、そういうわけではないと思います。

私もそうです。

家でひとりでいるのは苦ではありませんが、職場や飲み会やパーティーで初対面の人とスマートに話せる人をうらやましいと思っていました。（おひとりさまドンと来い！という人は、それはそれでOKです！）

「自分からコミュニケーションをとる」とか、「自信をつける」とかって、ある意味、〝結果〟です。

そこに届くまでには、人見知りでない人の習慣をマネするのではなく、もっと少しずつ、できることを増やしていくことです。

目標＝こうなりたい、と思う最後の到達点

ただ、コツコツ積み重ねるには、「目標」が必要になりますよね。

それがあるからこそ、「変わりたい！」って思い続けることができる、そんな最後の到達地点です。

人見知りで悩んでいるあなたがこれから克服するために行っていくことは、すべて、あなたにとってのチャレンジです。

続けていけるように、私はできるだけ小さいチャレンジに分けてお伝えしていきますが、その小さなチャレンジを続けられるかどうかは、目標をちゃんと立てられるかどうかにかかっている、といっても過言ではありません。


小さいころを思い出してみてください。

逆上がりってできましたか?

できた人は、できなかった人に上手に教えられましたか?

できなかった人は、できた人に教えてもらってできるようになりましたか?

どこの筋肉をどう使ってとか、体の動きをどうしてとか、そういうテクニックはあるにしても、それよりももっと大事なことがあります。


それは、「逆上がりができるようになりたい!」っていう気持ちです。

いくら教えるのが上手な人がいたとしても、やる本人が「できるようになりたい!」って気持ちがなければ、筋肉の動きを頭で理解して体を動かそうとしところで、できるようになる日はなかなかやってこないものです。
だって、そこまで頑張ってできるようになりたいわけじゃないんだから。

逆上がりを例にしましたが、周りの人ができるのに自分ができなかったことがあったとしても、劣等感なんて感じなくてもいいんです。

大事なのは、自分で見つけた、なりたい自分になること。
ここで書き出すのは、自分自身がワクワクするような目標です。

人見知りの人は、「周りの人の目を気にする」思考グセがありますよね。
目標を立てるときは、この思考グセに抗いましょう。

「人見知りでなければ、本当はこういうことをしたい」

という気持ちに正直になって、自分に制限をかけないで、「できたらいいな」と胸が躍ることを想像してみましょう。
想像は、自由です。

「ダンスが上手になって、仲間と一緒にステージで踊れるようになりたい！」

「多くの人の人助けができるように、インストラクターになりたい！」

「たくさんの人の人を笑顔にしたいから、接客業をやりたい！」

という具体的な目標や、

「気の合う友達をたくさん見つけて、一生楽しく過ごしたい！」

というふわっとした目標でもいいです。


私は、子どものころ先生になりたかったのですが、極度のあがり症だったため一度はあきらめて事務職に就きました。が、そんな自分を変えるため30過ぎてから勉強し、講師になりました。

同時に、舞台で華やかにパフォーマンスできる人を素敵だと思っていたのでダンスも習い始め、講師とダンサーの両方の夢を叶えました！

人見知りでなくなったらやりたいこと

日付　月　日

STEP

2

太陽の光をあびる

2

あなたは、アウトドア派ですか？　インドア派ですか？

人見知りさんには、きっと後者が多いと思います。

もちろん私も。

子どものころから、海や川、キャンプ、バーベキューなどの外遊びよりも、部屋でひとり本を読んだり、絵を描いたりするのが好きでした。

学生時代も、運動や外出は苦手で、完全なるインドアタイプでした。

それはそれで悪いことではありませんが、やはり生活習慣を変えてみることが大事だと考え、少しずつ外に目を向けるようにしました。

何もいきなりアウトドア人間になる必要もないし、パリピになる必要もありません。

少しずつ「日光や外気をあびましょう！」というお話です（笑）。

少し専門的な話をしますと、人見知りの原因のひとつとして、不安を感じやすい要因があることや、脳内の情報伝達信号の乱れがあることが考えられています。

脳内の情報伝達物質のひとつにセロトニンというものがあります。

セロトニンは、人の精神面に大きな影響を与える物質で、心の安定や平常心を保つ効果があります。不足すると心のバランスが崩れて不安や恐れといった感情をおさえることが難しくなると言われています。

そんな大事なセロトニン。

実は、かんたんな行動で身体にアプローチし、増やす方法があります。

そのうちのひとつが、「太陽の光をあびる」です。

どんよりした天気や雨の日が続くと、気分が落ち込んだり、体がだるくなったり、疲れやすくなったりした経験はありませんか?

日照時間の減る「梅雨」の時期になると、調子を落とす人も増えますし、天気が悪いと、頭が痛くなったり、めまいを感じたりする人もいると思います。

これらの原因には、気圧の変化があると言われています。

気圧の変化に対して、自律神経の調整がうまくできないためです。

人見知りの人は普段から自律神経に不安定さがある場合があり、影響を受けやすい人も多いのです。

一方、晴れた日に、青空を見上げたり、太陽の光をあびたりするだけで、文字通り心が晴れやかに、気持ちが明るくなります。

気持ちだけでなく、実際に日光浴にはセロトニンを増やす効果があると言われています。

セロトニンは脳幹にあるセロトニン神経から分泌されますが、セロトニン神経は網膜（眼の奥にある光を感じる構造物）が光を感じることで活性化するので、強烈な光である太陽光でセロトニンが分泌されやすくなるのです。

では、実際に太陽の光をあびてみましょう。

効果的な太陽の光のあび方

❶日光浴をするのは、午前中～正午までがよいです

特にオススメなのは、起きてすぐの時間帯です。

❷太陽の光をあびる時間は、1日15分～30分程度で

長ければ長いほどセロトニンの分泌が増えるというわけではありません。

日光には紫外線が含まれていますので、熱中症や日焼けなどの健康被害には注意しましょう。

③雨や曇りの日は晴れた日に比べて光の量は減少しますが効果はあります

ただし十分な光をあびるには長めの時間が必要となります。できれば1時間程度、外でなくても窓辺にいるようにしましょう。

この習慣を繰り返してみてください。

新しいことをはじめるとき、強い気持ちを持つよりもあまり気負わずに取り組む方がつづけられるものです。

できれば、すでに習慣となっている朝のルーティンに組み込んでみましょう。

私はコーヒーが好きなので、朝の一杯は窓辺で日光をあびながら飲むことで、セロトニンの分泌を促し、頭や身体を目覚めさせています。

あなたに合ったルーティンでやってみてくださいね！

日付

月

日

やったこと

きもち

\ STEP /

3

ストレッチをする

人見知りを自覚する私たちにとっては、職場や学校・趣味やセミナーなどで**初めて会う人と話をするのは気が重い**ですよね。

帰ってきたら、ドッと疲れが出てきて、ベッドに倒れ込んでしまったり……ここだけの話、私、今でもそんな感じで、セミナーや会合のあとは、身体も頭も重くなり、廃人状態に。結構な頻度でマッサージに駆け込みます。

この仕事を20年以上やっていてもやっぱり、根っからの人見知りなんです。

また、弊社の新人スタッフから、「講座のあと頭痛がするのですが、病気でしょうか」という相談を受けることがあります。

念のため、MRIで検査をしても異常は見当たらない。

いわゆる「緊張性頭痛」というやつで、やりがいのある仕事をしている分、人によっては疲れを感じることも。

長くこの仕事ができるように、そしてできるだけ薬に頼らないように、日ごろからマストで行っているのが「**ストレッチ**」です。

今まで多くの場面で人と話すときに緊張していた人ほど、身体も硬くなっています。ストレッチで身体の力を抜き、柔らかくすることから始めましょう。

身体の硬さ・バランスチェック

まず、今の身体の硬さをチェックしてみましょう。

背中で握手することはできますか？

イラストのように、右手を上げて試したら、こんどは左手を上げた形で試してみてください。

できない人は、どれくらい届かないか、左右差はないか、確認しておきましょう。

たいていは、利き手が下のほうが、届きにくくなっています。

利き手で作業をすることが多いので、身体がアンバランスな状態になってしまっているからです。

これらの歪みも、ストレッチを続けることで少しずつ解消されていきます。

最初に硬さやバランスを確認しておくことで、今後ストレッチを続けていく

にあたり、最初より柔らかくなっているか、成長、効果を確認することができます。ぜひ今の状態を鏡を見ながら確認・記録しておきましょう。

人見知りの人にオススメのストレッチ

ストレッチをするときは、ゆっくりと、1・2・3と数えながら伸ばしていきましょう。

一か所20秒くらい行うと効果的です。

人見知りの人が特にゆるめた方がよいのは、胸・首・肩など上半身です。人に対して緊張を感じるときは、上半身から力が入ってきやすいからです。

❶背伸びをする

全身の血流がよくなり肩の力も抜けてきます。

❷背伸びをして左右に倒す

わきの下が伸びて呼吸が深まります。

❸両方の指先を肩につけて肩を回す

肩甲骨周辺や胸の辺りをやわらかくします。

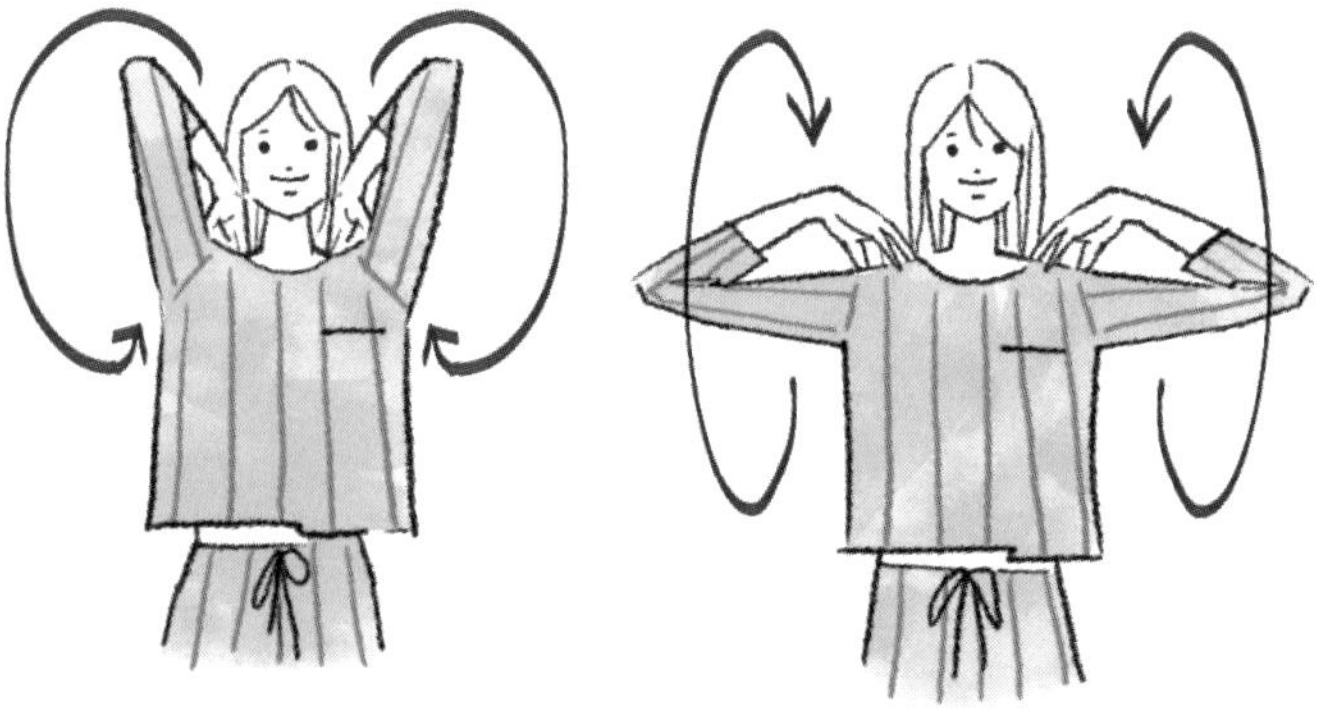

❹首を左右に倒す

首の両脇にある筋肉がゆるまります。

※首は急に動かすと痛めてしまうことがあるので、無理なくやさしい力でゆっくり伸ばすようにしましょう。

ストレッチのゴールデンタイムは、お風呂上がりです。

いつもよりも関節を動かしやすくなるので、気持ちよく伸ばすことができます。

ただし、痛みや不調を感じる場合は、無理をしないようにしましょう。

それ以外の時間でも体が硬くなったと感じるときは、ぜひストレッチをしましょう。

特にデスクワークなどで動かないことが習慣になっている人は、座っているだけでも体は固まりやすいので意識的に行うとよいです。

ストレッチをすることで、1日目でもお伝えしたセロトニンが増えて心身の安定につながるメリットもあります。

身体のやわらかさは他人との比較ではありません。

いきなり頑張りすぎず、自分なりに日々続けて、少しずつほぐしていきましょう！

ところで、今この本を執筆している私は、長時間同じ姿勢をして集中しているので、かなり身体が凝り固まっています。

いったん休憩して、今からストレッチタイムとします！（笑）

よろしければ、あなたも一緒にやりましょう！

3

最初の柔軟度

背中で握手できるまであと

cm

日付

やったストレッチ

きもち

STEP

4

睡眠をきちんととる

睡眠と人見知りって、一見関係がないように思われるかもしれませんね。

でも、睡眠不足に陥ると心身にいろんな支障を来します。

すると、人見知りの人のマイナス面が強調されやすくなるのです。


私も、対人関係で悩んでいたときは、不眠症になり、睡眠薬を服用していたときもあります。


「人の悩みの9割は人間関係」と言われますが、まさに**対人関係の悩みがなくなれば、夜は健やかに眠れる**ということも経験しています。

そして、眠れない日々が続くと、ちょっとしたことで落ち込んだり、相手の言動が気に障り逆に攻撃的になったりと、自分の気持ちを制御できなくなる、そんな経験もしています。

改めて、睡眠不足によるデメリットを確認してみましょう。

❶頭痛や疲れが生じやすくなる

睡眠不足が続くと**脳が酸欠状態に**なってきます。

それが続くと、頭の筋肉がさらに緊張して**頭痛の原因になる**ことも。

頭痛がずっとあると、気持ち的にもつらくなってきますよね。

❷集中力、注意力が散漫になり、ミスをしやすくなる

睡眠が足りないと、集中力や注意力が散漫になってきます。
仕事中に、普通であればしないような間違いもしてしまうかもしれません。
過ちを犯して、一番自信を失ってしまうのは自分です。
四六時中、「ダメな奴って思われているに違いない」と、他人からの視線を気にしてしまうでしょう。

❸イライラしやすくなる

睡眠時間が十分に取れていないと、ちょっとしたことでイライラしやすくなりませんか？

そのうちなんとなく周りの人が敵に見えてきて、警戒心がいつも以上に強く働いてしまうことも。

心の壁が最大限に高くなった状態です。

でも、そもそも周りの人には何も原因がないはずなので、それって悪い意味での独り相撲。自分で自分の人見知りに拍車をかけているようなものです。

眠りやすい環境をつくる

きちんと睡眠をとるためには、眠りやすい環境づくりや毎日の習慣づくりが大切です。

寝る直前にスマホやタブレットを見ること、食事や飲酒をすることは睡眠の質を下げてしまうので控えた方がよいでしょう。

私が一番効果的だと思うのは、**日中、めいっぱい身体を動かしておく**ことです。

適度に運動すると眠りにつくのが早く、途中で目が覚めるということもほとんどありません。

私はジムに通ったり、ダンスやテニスをしたりしていますが、散歩や軽いランニングなどでも十分です。

睡眠環境を整えることも大切です。

マットや布団・枕の硬さや素材は身体に合っていますか。

カバーやシーツの色や質感・照明や香り・音なども、自分にとって心地よいと感じるものを選びましょう。

アスリートやプロスポーツ選手は遠征先にも愛用のマットレスを持参すると言います。

良質な睡眠が心と身体を健康に保ってくれるのです。

最適な睡眠時間は一般的には6~7時間と言われていますが、自分にとって必要と思う睡眠時間が取れるように、**寝る時間・起きる時間などの自分の生活リズムを見直して**続けていきましょう！

最後に……

どうしても寝付けないときは、すっぱりとあきらめるのも手です。

誰にでもあります、私もあります、眠れない夜が。

特に大事な講演の前日は安眠できたためしがありません（笑）。

羊を1匹、2匹……と数え続け、最終的にイライラ！　キーッ！　となるより、「1日ぐらい寝なくても大丈夫」と開き直り、好きな音楽を聴いたり、好きな動画を観たりした方がキモチが楽になります。

実際、1日ぐらい寝なくても大丈夫です！

4

日付

月

日

寝る前のマイルーティーン化

きもち

＼ STEP ／

5

笑顔をつくる練習をする

私はお笑い番組が大好物です。

つらいこと、悲しいことがあった日ほど、漫才、コントをめいっぱい注入します。

「笑うこと」は、最もかんたんにストレスを解消し、心身を健康にしてくれるものだと思うからです。

笑顔は心と身体を強くする

あまり知られていませんが、健康な人の身体にも、1日に3000〜5000個ものがん細胞が発生しているそうです。

これらのがん細胞や体内に侵入するウイルスなど、体に悪影響を及ぼす物質を退治しているのが、リンパ球の一種であるナチュラルキラー（NK）細胞。

人間の体内にはNK細胞が50億個もあり、その働きが活発だと、がんや感染症にかかりにくくなると言われています。

私たちが笑うと、免疫のコントロール機能をつかさどる間脳に興奮が伝わり、NK細胞を活性化する神経ペプチドが活発に生産されます。

その結果、がん細胞やウイルスなどの病気のもとを次々と攻撃するので、免疫力が高まるというわけです。

つまり、笑うことで、がんやウイルスに対する抵抗力が高まり、同時に免疫異常の改善にもつながるのです。

また、笑うことのもうひとつの大きな効果として、脳内ホルモンであるエンドルフィンの分泌があります。

この物質は幸福感をもたらすほか、〝ランナーズハイ〟の要因とも言われ、モルヒネの数倍の鎮静作用で痛みを軽減するとされています。

さらに朗報！

これらの効果は作り笑顔でも効果があるそうです。

たとえば、口角を上げるだけでも、ネガティブな感情が抑制され、ポジティブな感情が誘発されるという実験結果もあります。

笑顔は笑顔を連れてくる

対人コミュニケーションの観点で言うと、笑顔は相手への気遣いです。

笑顔もリアクションもなかったら、「楽しくない」「仲良くなる気はない」＝「相手への拒否」と見なされても仕方ありません。

かつての私がそうだったように、人見知りさんほど、自分の表情が相手にどんな印象を与えてしまうかまで注意が及ばないことが多いものです。

せっかくのイベント、会食なのに、相手が終始無表情だったら……

こんなに悲しいことはありませんよね。

私は元々極度の人見知りで、笑顔がまったくない子どもだったので、そういう意味でも本当にもったいない幼少期を過ごしました。

でも高校生になり、こんな自分を変えたいと、マクドナルドでアルバイトを開始。「スマイル0円」精神を叩き込まれ、店舗でナンバー1の「ベストスマイル賞」をいただけるまでになりました。

子どものころの写真には笑顔で写っているものが1枚もないのに……と身内が一番びっくりしていました。

笑顔というのは本当に伝染するもので、**いつも笑顔でいると、そういう人が集まってきます**。

今、私の周りにいる人は、明るくて笑顔の素敵な人たちばかりです。

笑顔になろう、笑顔をつくろう

ストレス解消法はいろいろありますが、「ひとりで」「すぐに」できるのがベスト。

私は趣味としてテニスもやりますが、スポーツや習い事は仲間を集めて、会場を借りて……となると、今すぐにというわけにはいきません。

その点、「お笑い」は、スマホ1台でOK！

推しのアイドルやお気に入りのアーティストの動画を観て笑顔になるというのでもいいと思います！

いつでもどこでも、すぐに笑顔になれる対象を持つといいですね。

そして笑うことは、ひとりでもできるので、今のうちから**笑顔の練習**をしておきましょう！

笑顔をつくるトレーニング

鏡に向かって「ハリウッドスマイル」を1分続けます。

イメージはハリウッド女優。

「口角が左右対称に上がっている」

「下の歯は見せずに上の歯を8本見せる」笑顔。

そして、目には星をキラーンと入れます。

そう、推しのアイドルを応援するように☆

お風呂上がりや、お化粧前など、鏡に向かって1日1分、笑顔の筋トレを続けてみましょう！

5

日付　　月　　日

笑顔になった
笑顔をつくれたこと

STEP

6

腹式呼吸の練習をする

人と話すときに、声が小さくて聞き返されてしまったこと、ありませんか？

声が小さくて、つらい思いをしてきた人はたくさんいると思います。

私もその1人です。

緊張で声が震えるのを治すために、話し方教室に入ったのですが、「声が小さくて聞こえない」とよく注意されました。

今では誰も信じてくれませんが、本当に蚊の鳴くような声しか出なかったのです。

電話や接客、発表など、いざというときに震えてうわずってしまう自分の声が大嫌いでした。

経験上、また、今、あがり症克服講座で生徒さんを教えていて思うのは、「声がスムーズに出せるようになると、おのずと自信がついてくる」ということ。

人見知りさんの中には、生の声での会話が苦手な人も少なくないと思います。

特に、LINEやインスタなどのSNSやいろんなツールが発達した現代では、声を使ったコミュニケーションが減っているので、電話や会話が苦手という人も多いでしょう。

また、長引くマスク生活により、呼吸が浅く、声の通りが悪くなってしまっている人が増えていると感じます。


私がそうであったように、声の大きい小さいは、生まれつきや体質というより、発声のための筋肉をうまく使えているかによります。

声のコンプレックスをなくすために、スムーズに発声するための呼吸＝腹式呼吸の練習を始めましょう！

腹式呼吸の始め方

みなさんが普段の会話で使っているのは、胸式呼吸です。

胸式呼吸の場合は、息を吸うと肺が横に広がり、肩が上下します。

早く呼吸はできますが、胸や肩、首、咽頭に力が入り、声が出しにくくなりやすいです。

特に緊張すると、声が震えてきます。

一方、**腹式呼吸では、お腹を出したり引っ込めたりして呼吸**をしていきます。

息を吸うと横隔膜が下がり、吐くと上がります。

胸式呼吸の7～8倍の量の空気を吸い入れることができて、それにより**豊かな発声**が可能です。

腹式呼吸を身につけるために、大事なポイントが2つあります。

1つ目は、丹田です。丹田とは、おへその下5cmくらいのところにある部位です。

腹式呼吸をするときは、この**丹田を中心にお腹を出したり引っ込めたり**します。

2つ目は、腹横筋という筋肉です。腹横筋は、筋群のインナーマッスルのひとつです。ハラマキのように体を取り囲んでいます。腹横筋が弱いと発声も弱くなります。

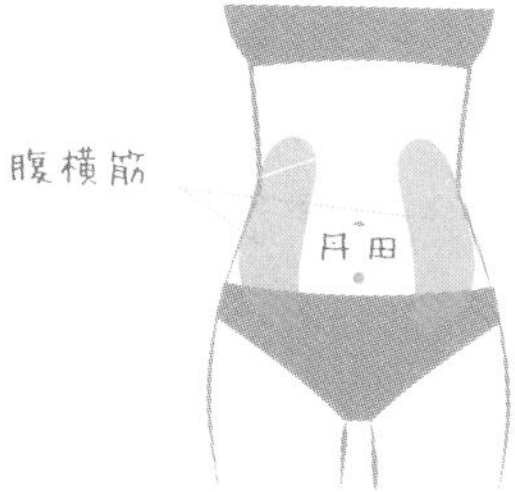

腹式呼吸のトレーニング

❶ 息を吐く

腹式呼吸ではまず先に息を口から吐きます。肩の力を抜いてよい姿勢を保ち、丹田に手を当てお腹を引っ込めながら、お腹がぺったんこになるまでゆっくり息を吐いていきます。

息を吐き切ったときが、腹横筋に最も力が入った状態であり、これにより腹横筋が鍛えられます。

❷ 息を吸う

腹横筋の力を抜いて、肩の力は抜いたまま、鼻から深く息を吸います。

丹田に空気をためていくイメージでお腹をふくらませていくと、横隔膜が下がります。

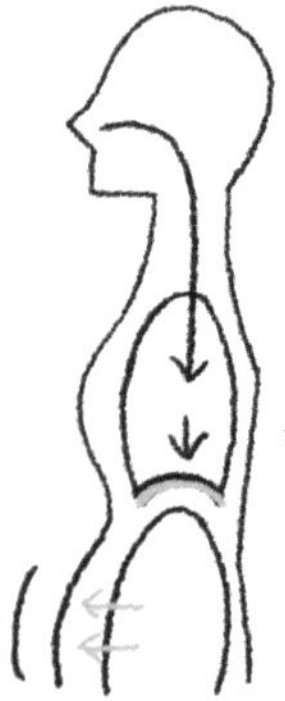

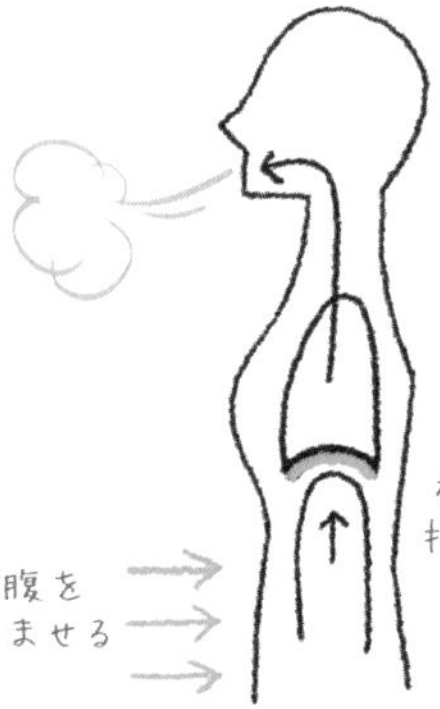

6

感覚がつかめたら、❶、❷の、**「息を吐く↓息を吸う↓息を吐く」を繰り返してみましょう。**

息を吐くときは、息を吸う時間の倍の時間を目安に。

2秒で吸ったら4秒で吐く、4秒で吸ったら8秒で吐く、という感じです。

1日数回から始め、慣れてきたら10～20回繰り返してみましょう。

いかがでしたか？

腹式呼吸に慣れてきたら、次に進みましょう！

日付	月　日
腹式呼吸トレーニング回数	
きもち	

STEP

7

表情筋のエクササイズをする

頑張って声を出してしゃべっているつもりでも、もつれてしまったり、つっかえてしまったり、噛んでしまうことはありませんか？

もしかしたらそれは、**口の開きや形**が原因かもしれません。

私には、「顔を見ればその人の職業がわかる（ただし正解率85％）」という特技があります。

それは、表情を見ているとわかるのです。

営業職や接客業・講師業など、日ごろ人とおしゃべりしている職業の人は、表情筋がブリブリ動きます。

表情筋とは、喜怒哀楽を表現する顔の筋肉のことで、30種類ほどあると言われています。

目をパチパチさせる眼輪筋、口まわりを動かす口輪筋が有名で、これらがよく動く人は、いわゆるリアクションが大きいという印象を持たれます。

反対に、技術職など、あまり人と会話しない職種の人は、表情筋が硬いことが多い傾向があります。

このように、普段、あまり人と話さない人は、それが口元に表れてくるものです。

ましてや、長引くマスク生活で、さらに表情が硬くなってしまっています。

使わない筋肉がどんどん衰えていくのと同じで、表情筋も使う機会が少ないと凝り固まったり、垂れ下がったりしてしまいます。

見た目に自信が持てないと、さらに人に会うのが億劫に……悪循環ですね。

でもこれも、落ち込む必要はありません。

口周りのエクササイズで、表情筋を蘇らせましょう！

見た目の印象力ＵＰにも、話し方改善にもつながる、母音のトレーニングをご紹介します。

母音のトレーニング

日本語の五十音は、（ん以外）すべて母音につながりますので、まずは正しい母音の口の形を確認することが大切です。

ア ▶ 指タテ２本分くらい開く

「口の中の口」も開けるイメージで、舌はアゴと一緒に下げます。

イ ▶ 横に引いて、口角を上げる

そのときに、上の歯が８本以上見えるくらい横に広げます。

ウ ▶ 唇を前に突き出す

唇に力を入れすぎないようにしましょう。

エ ▶「ア」と「イ」の中間くらい

「ア」の口の形から横に広げる、または、「イ」の口の形から縦にするイメージです。

オ ▶「ウ」よりも口の中が縦に広い

「ウ」よりも少し口の形も大きくします。

ポイントは「**自分が思っているよりも3割マシマシで！**」

自分ではやっているつもりでも、実際にはまだまだ足りないということが多いので、鏡を見ながら確認しましょう。

表情筋トレーニングを続けることで、フェイスラインが引き締まり、表情も豊かになります。

さらに顔全体の血行がよくなり、顔色もＵＰします。

高級な美顔器・美容グッズはたくさんありますが、「内からキレイになる」に勝るものなし！

「家でできて、お金もかからない美容法♪」

ぜひ試してみてくださいね！

日付

月

日

やったこと

きもち

STEP

8

声を出す練習をする

ＳＴＥＰ⑥とＳＴＥＰ⑦で、「腹式呼吸」と「表情筋エクササイズ」についてお伝えしてきました。

これらを踏まえて、いよいよここでは実際に声を出す方法、「腹式発声」を行っていきましょう。


ところであなたは、自分の声を動画などで聞いたことありますか？

「なんか、思っている声と違う！」って感じたと思います。

でも、他の人は、「いつもの声だよ」って言います。


これは声の伝わり方に原因があって、普段聞いている自分の声は空気中から鼓膜を通して聞こえる声と、自分の体の中、つまり骨伝導により伝わった声との両方が聞こえてくるからです。

それに対して、他の人が聞いている声は、空気中を伝わった声のみです。


多くの人が自分の声を「イヤな声……」って思うのですが、そうはいってもそれが自分の声なので、まずはちゃんと知ってあげましょう。

私も自分の声が大嫌いでした。

低くて、鼻声で、緊張すると震えるし、うわずるし、出なくなるし……

でも発声練習をすることで「自分の声が大好き！」とまではいかなくても、**声のコンプレックスはなくなって、自信を持って話せるように**なりました。

この経験から、私は人見知りやあがり症の人へのトレーニングでは、発声練習に力を入れています。

「発声を制する者は人見知りを制す！」なのです。

発声もまた、トレーニングで鍛えていくことができます。

腹式呼吸を使い、声を出していきましょう。

腹式発声トレーニング

❶ 胸の中に中途半端に残っている息を口から全部吐き切る
↓お腹（丹田）を引っ込めながら吐き切りましょう。

❷ 吐き切ったら、鼻から息を吸う

↓肩の力は抜いて、お腹を風船のように膨らませるつもりで吸います。

❸ お腹に力を入れて、1回止める

↓ここでいうお腹とは丹田（おへそから5cmくらい下のところ）のことです。

❹ 息の続く限り「あー」と声を出す

↓「表情筋エクササイズ」でお伝えした口の形をして声を出しましょう。お腹（丹田）は引っ込めます。

何秒間つづきましたか？

手元のストップウォッチなどで計ってみてください。

最初は、10～15秒くらいかもしれませんが、このトレーニングを続けていると、数秒～十数秒伸びてきます。

長く声が出せるようになったら、それだけ震えにくい強い声になったということです。

腹式発声ができるようになってきたら、次は文章を読んでみましょう。
なるべく一息で読むことを目標にしてください。
ただし、早口ではなくて、目安は20秒程度です。

外郎売（ういろううり）の冒頭

拙者《せっしゃ》 親方《おやかた》と申すは、お立ち合いの内《うち》に御存知《ごぞんじ》のお方《かた》もござりましょうが、お江戸をたって二十里上方《にじゅうりかみがた》、相州小田原《そうしゅうおだわら》、一色町《いっしきまち》をお過《す》ぎなされて、青物町《あおものちょう》を登りへお出《い》でなさるれば、欄干橋《らんかんばし》 虎屋藤右衛門《とらやとうえもん》、只今《ただいま》は剃髪《ていはつ》致して、円斎《えんさい》と名乗《なの》りまする。

※外郎売とは歌舞伎の演目のひとつで、声優やアナウンサーなど声を使う仕事の人が発声練習でよく使います。

途中で息継ぎしてしまったら、どこまで読めたか印と日付を書いておき、次挑戦するときは前より長く読めるようになっているか確認してみましょう。

文章を一息で読む練習をすると、腹横筋が鍛えられていきます。腹横筋が弱いと、腹式発声も弱くなってしまうので、長く読む練習を続けることで、腹横筋を鍛え、発声力をつけていきましょう！

改善点が見つかったら、次はそこをよくするようにチャレンジしていきます。

日付	腹式発声トレーニング	できたこと・がんばったこと
月　日	声が続いた秒数　秒	

8

STEP

9

似合う髪型にする

ＳＴＥＰ⑦〜⑧の課題は、声に関することでした。

今回は一気に「外見」の話です。


自分を守るために、人見知りさんは自覚なく「話しかけないでオーラ」を放っていることがあります。

ただそれだと、初対面の相手に、「自分のことを何も知らないのに、なぜか避けられ拒まれている」という印象を持たれてしまいます。

そんなこと、まったく思っていないのに、ただ自分を守りたいだけなのに……もったいないですよね。

初対面の人からも好印象を持たれ、話しかけやすい見た目になるために、ここからは印象力をＵＰさせる方法をお話ししていきます。

見た目を整えて自信をつける

「見た目の印象」と「人見知り」、これはもう切っても切れないですね。

アメリカの心理学者アルバート・メラビアンが唱えた「第一印象のメカニズム」をご存じの方も多いと思います。

人の印象は、最初の5～7秒で決まると言われていますが、その人の何が印象に残るか、ということを示したものです。

視覚情報の中で、最も印象に残り、かつ簡単に変えられるのは、「服装」と「髪型」です。

「髪は顔の額縁」という言葉もあります。

どんなに素敵な絵画でも、飾る額縁が美しくなければ魅力は半減してしまう、という意味です。

髪が美しいとは、「ツヤ、ハリ、コシ」があること、つまり質感です。

不潔なのはもってのほか！

清潔感と質感を保つために、肌のケアと同じくらい、髪のケアを念入りに行

【アルバート・メラビアンの第一印象のメカニズム】

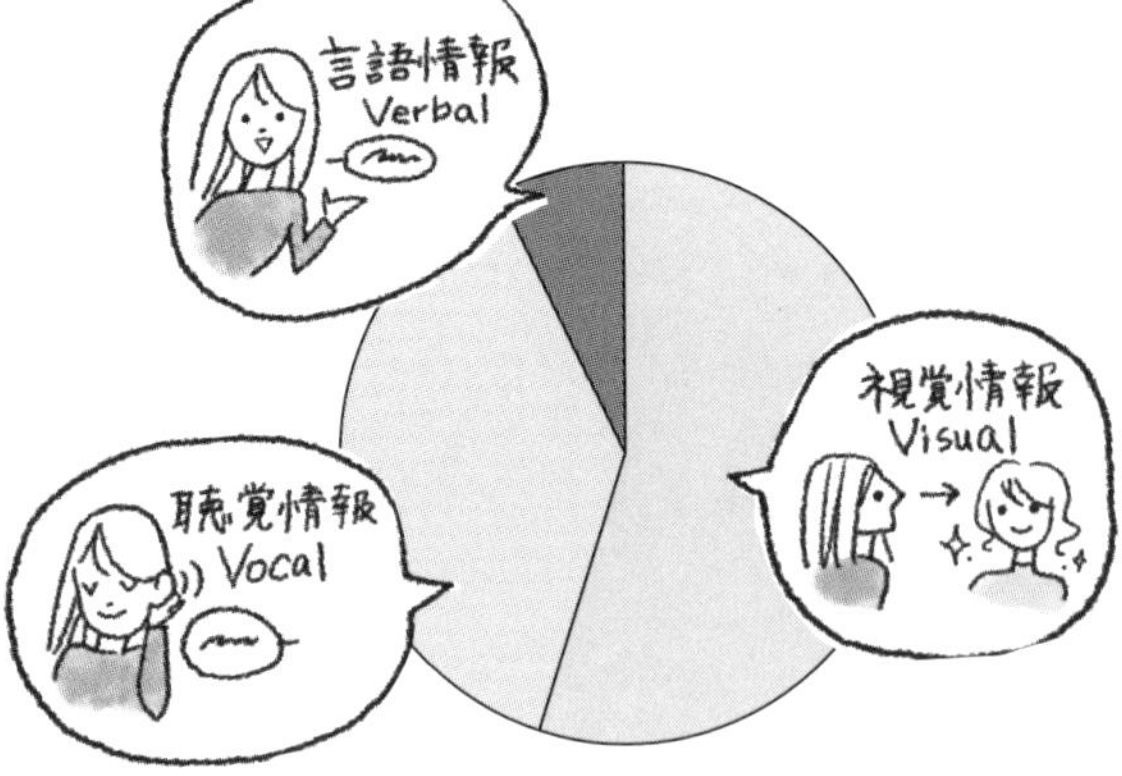

いましょう。

月に一度は美容院に通い、プロにケアしてもらうのをオススメします。

カット、カラー、トリートメントはこまめに行いましょう。

不揃いな襟足、退色したカラーリングは無精な印象を与えてしまいます。

顔周りはすっきりしているほうがいいです。

髪が顔にかかっていると、それだけでとっつきにくい印象になります。

似合う髪型を知ると、新しい自分に出会える

次に「似合う髪型」ですが、やはり、美容師やイメージコンサルタントなどのプロに相談しながら決めることをオススメします。

プロは、経験に基づく多くのデータを持っています。骨格や体形、肌色などを総合的に判断し、確実に似合う髪型、カラーを提案してくれるでしょう。

人見知りさんにとって、美容院に行くこと自体、ハードルが高いのもわかります。

でも安心してください。

美容師さんにも、人見知りは多いんです。

私の生徒さんに美容師さんが多いのがその証拠です。


そして、おもしろいことに、**自分の専門のこと（この場合、美容について）を話すのは苦ではない**という人も少なくありません。

普段は陰キャのゲームヲタクさんや鉄道ヲタクさんが、ゲームや鉄道のこととなると饒舌にアツく語る、アレです（笑）。

なので、髪型やお手入れについて、積極的に聞いてみましょう。

イメージを言葉で伝えにくいときは、画像などを見せてもOK！

イメージを実現するのがお仕事、きっと喜んで相談に乗ってくれます。

そんな姿を見たり、会話が弾んだりしたら、こちらもうれしい気分になるはず。ちょっとした成功体験です！


私も昔は美容院恐怖症でしたが、今は月に2回は通います。

餅は餅屋、髪のことは美容師に聞け！です。

ですが、あえて、美容師さんを指名しません。

会話の練習のために、毎回違うスタッフさんと話すようにしています。

違う業界の人と話すことは、とても勉強になります。

あなたに似合う髪型・髪色を見つけて、中身だけでなく外側から美しくなることで、自分に自信をつけていきましょう！

日付	似合う髪型 美容メモ	きもち
月　日		

9

STEP

10

似合う服を着る

見た目の印象UPのポイント、髪型の次は服装です。実は、接遇・マナー業界では服装が一番大事だと言われるほど、印象において服装はとても大切な要素です。

好印象な服でハズレをなくす

服装も髪型と同じく、好きなものをアレコレお構いなく選ぶ前に、**何が好印象となるのか**、その基本を押さえておきましょう。

服装のポイントは、TPOです。TPOとは、**T**ime（時間）・**P**lace（場所）・**O**ccasion（場合）の略です。

時と場所、場面をわきまえた服装を、ということです。

「身だしなみは無言の紹介状」という言葉があります。服装から、その人が周りに気遣いができる人間なのか、その場に応じた言動ができる人間かどうか判断されるのです。

特に面接やプレゼンなどでは内容以上に服装に気を配りましょうと言われるくらいです。

服装の流行は変わっていくものですが、ＴＰＯは普遍的なルールです。

さて、それを踏まえてですが、あなたは自分の外見に自信がありますか？

そう聞かれて「ある」と言える人はなかなかいないと思いますが、服装に関しては着る服によって自信をつけることができます。

しかも、一瞬のうちに。

私は「ファッションチェック」といった類の番組が大好きでよく見ているのですが、本当に服装で印象が大きく変わるんですよね。

ちょいダサだった人が、プロの手で一瞬のうちにキラキラに☆

服装が変わると、顔つきや話し方も変わります。

本当に不思議ですよね。

似合う服で、自信をつける

服装については、お値段よりもサイズ感が大事だと思います。

最近は、プチプラのファストファッションが人気ですよね。

もちろんそれもいいのですが、どうしても万人が着られるサイズ展開にしてあるため、体形にフィットしないこともあります。

またファッションに関して、おしゃれよりも機能性や快適さを優先する人は、自分に合ったサイズよりもゆったりめのサイズを選びがちです。
ただ、今身につけてほしいのは、自分に似合う服。**体型や雰囲気に合ったものを選ぶ**のをオススメします。

ここでもやはり、ショップ店員さんやパーソナルスタイリストなどのプロに見てもらうのが一番です。

店員さんに話しかけるのが苦手な人も多いと思いますが、美容院のときと同様、専門分野のことなら快く教えてくれる店員さんがほとんどなので、思い切って相談してみましょう。

話しかけにくいと思ったら、思い切って試着をしに行きましょう。

黙って着るのはマナー違反なので、店員さんに「着てみてもいいですか？」と声をかけます。

試着すれば、たいていは店員さんがサイズなどの確認をしてくれるので、一緒に見てもらいながら、サイズ感などが合っているか確認してみましょう。

最初は恥ずかしいかもしれませんが、必ず試着室の外に出てきてくださいね。

明るいところで、全体を見てみないと、似合うかどうかわかりませんから。
もし気に入らなかったら、もちろん買う必要はありません。
そこを気にする人見知りさんもいると思いますが、買うか決めるのはお客様の方ですから、「ありがとうございました。もう少し考えてみます」という返答でOKです。

最近は、洋服をネットで買う人も多いと思いますが、特にサイズやシルエットが命！のボトムスは、ぜひリアルショップで買うことをオススメします。

なかなか、信頼できるお店や店員さんがいない場合には、ファッションセンスがある友人や家族にアドバイスしてもらうのも手です。

自分の魅力は案外自分にはわからないもの。
自分ひとりだけで考えるよりも、他の人の力も借りながら、自分に似合う服装を選ぶと失敗しにくいです。

「洋服を着替えるだけで、自信がつく」

「おしゃれは最高の自己啓発」

という人もいます。

言い得て妙だと思います！


一瞬にして自己評価を高めてくれる洋服選び、楽しんでみてはいかがでしょうか。

日付	月　日
似合う服のアドバイス	サイズ： シルエット：
着てみたきもち	

10

STEP

11

姿勢をよくする

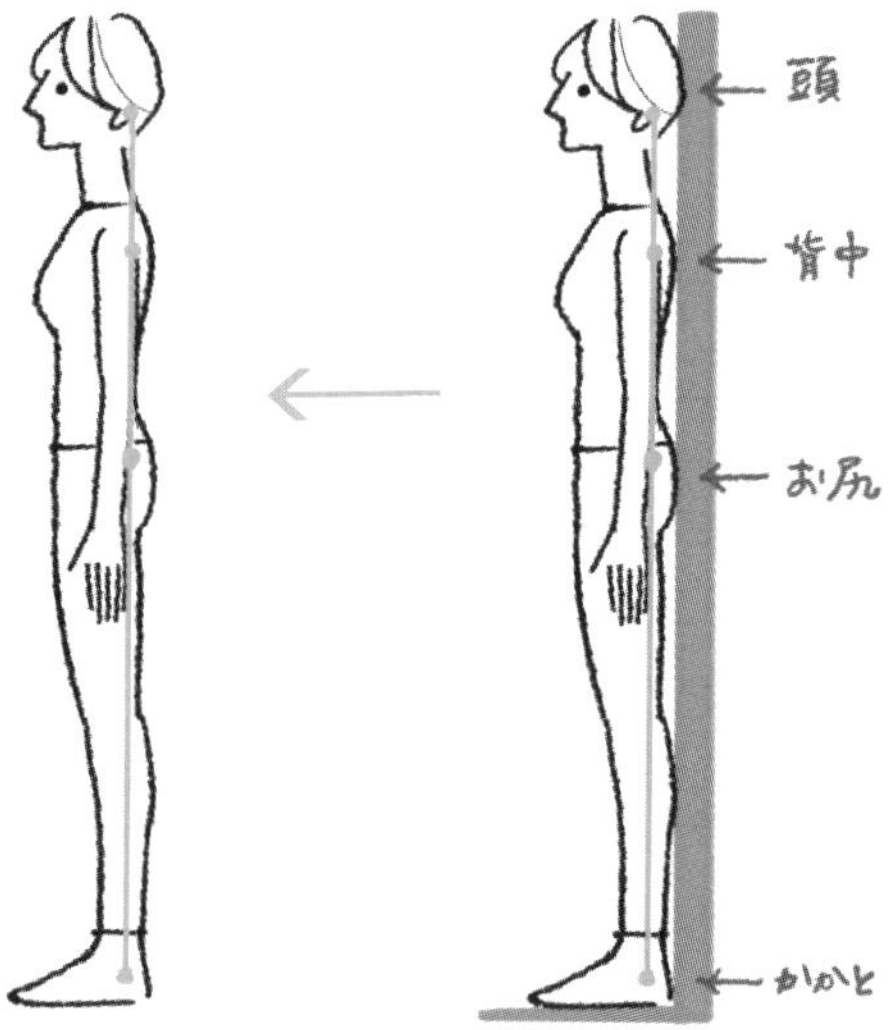

見た目の印象UPのポイント、ラストは姿勢です。

姿勢が悪いと、

「なんか疲れてそう」

「だるい感じ」

などあまりいい印象を持たれないので、見た目でまず損をしてしまいます。

就職活動や社内評価などの面接官となる方にお話を伺ったことがあるのですが、姿勢が与える印象はやはり大きいとおっしゃっていました。

姿勢をよくすると、ビクビクしなくなる

姿勢は相手に与えるイメージだけでなく、自分自身にも影響を及ぼします。

姿勢が悪いと、関節や筋肉に負担がかかったり、バランスが悪くなってきます。

そうすると、疲れやすくなったり、不調の原因にもなります。

それから、発声。

話をするときに姿勢が悪いと、呼吸が浅くなり声が出にくくなります。

姿勢をよくすることで、しっかりとラクに呼吸をして言葉を発することができるようになります。

それは何気ない日常生活の中でもそうですし、会話や発表などビジネスシーンでも同じことです。

印象がよくなる基本の姿勢を知っておきましょう。

姿勢のポイントは、**壁立ち姿勢**です。

姿勢をよくする3秒壁立ちトレーニング

❶ 何も意識しないで普通に立つ

❷ かかと、お尻、背中、後頭部を壁に当てて立つ

横から見たとき、後頭部からかかとまで一直線になっているのが正しい姿勢です。

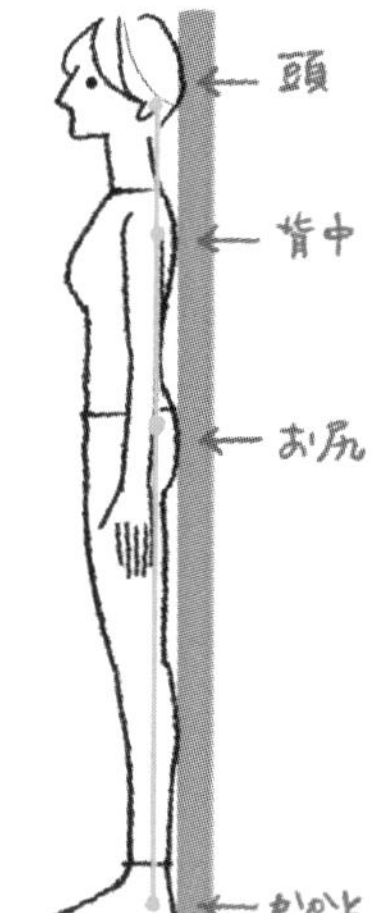

❸ ❷の状態を保ったまま一歩前に出る

普段の姿勢がいかに前かがみ気味になっているのかがわかると思います。

❹ その姿勢を覚えておき、いつも意識する

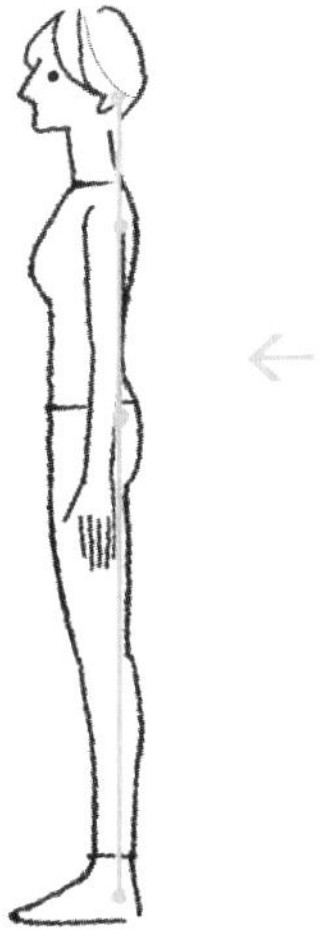

正しい姿勢を続ける

立つときだけでなく、歩くときや座るときもいい姿勢をできるだけキープしてみてください。

見られる印象とともに、見える景色も変わってきます。

後頭部からかかとまで一直線の意識のままで、歩いてみましょう。

小股でヒョコヒョコと歩くと、オドオドした印象を与えてしまいます。

顔を上げて、遠くを見て、大股で歩くようにします。

座るときは、椅子に深く腰掛け、座骨を立てるように。背もたれにはもたれかからず、背筋をスッと伸ばして、あごを引くようにします。

せっかく姿勢がよくなっても、視線がキョロキョロと泳いでしまう人は、鏡の自分に向かって、視線を上げて相手を見る練習をするといいでしょう。目を見ると緊張してしまう人は、顔全体をふんわりやんわり見ればOK。アイコンタクトは大事ですが、じーっと凝視してしまうと、却って相手も居心地悪いものです。ほどよい加減、居心地のよいまなざしを探してみてください。

髪型や服装みたいにお金がかかるものではなく、道具も不要なので、年齢・性別関係なく、今この瞬間から始められます。

正しい姿勢は一日にしてならず！

立つ、歩く、座る……いつでもどこでも美姿勢を意識して、健康で美しいスタイルを手に入れましょう！

11

日付	気をつけたこと	きもち
月　日		

STEP

12

リズム運動をする

人見知りと運動って関係あるのかというと、やはり因果関係アリアリなんですね。

なぜかって、私のレッスンを受ける生徒さんは、ほとんど運動習慣がないからです。


かくいう私も、人見知りや対人関係で悩んでいたころは、運動習慣がまったくありませんでした。

中学までは帰宅部で、体育の授業以外、運動したことがありませんでした。

身体も弱くて、風邪をひきやすく、学校でも家でも、本を読んだり、絵を描いたりして、誰とも話さないで1日を過ごすような生活でした。

それらを克服しようと、高校でテニス部に入ると、仲間と一緒に過ごしたり、練習や試合で大きな声を出すことで、引っ込み思案は随分よくなりました。

就職して、また運動をしなくなると、悩みを抱えやすくなったり、夜眠れなかったりと、心身ともに不調が続きました。

そんな経験から、やはり、**適度な運動をして、身体を整えていくことが、心の健康にもつながる**と実感しています。

なので、今はなんと週5で運動しています！

もはや仕事ですね……

そのおかげか現在、一般的に更年期障害がやってくるお年ごろの50代ですが、今のところ不調知らずです。

セロトニンを活性化させてメンタルを上げる

運動がなぜいいか、フィジカルが鍛えられるのは言わずもがな、メンタル面の効果も見逃せません。

そう、STEP②の「太陽の光をあびる」のページでもお伝えした**「セロトニン」促進効果**です。

以前は「メンタルを鍛える」というと、「ポジティブ思考をしよう」といった精神論的な考えが大半でした。昨今は脳の研究が進み、私たちのメンタル面には脳内の神経伝達物質が大きな影響を及ぼしていることがわかってきています。

その1つであるセロトニンは、私たちの気分を大きく左右する神経伝達物質です。セロトニンの生成量が減少すると、不安やイライラ、鬱屈した感情が大きくなります。

そうならないようセロトニンを活性化させる方法の1つが「リズム運動」と呼ばれるものです。

リズム運動とは、ダンスやウォーキング、ジョギング、水泳、自転車こぎなど、一定のリズムに合わせて身体を動かす運動のことです。

とはいえ、運動というと、誰かと一緒に行動しないといけないからつらい…という気持ちが先に出て、重い腰が上がらない人もいると思います。

例にあげた運動は、**ひとりでもできますし、お金のかかる道具も必要ありません**。

ダンス、ウォーキング、ジョギングはシューズさえあれば始められます。

運動時間は20～30分くらいで十分です。

ダンスを始めてみたくても、いきなりスクールに通うのはハードルが高い!?

それならば、最近はYouTubeなどでダンスを教えてくれる動画がたくさんアップされていますので、探してみてください。

好きなアイドルやアーティストなど、テンションがアゲ～になれる楽曲がいいですね。

ただし、ここで注意点が。

人は、目標や目的がないと長く続きません。

一緒に頑張っている仲間、励まし褒めてくれるインストラクターがいないと、モチベーションが上がらないのです。

なので、家トレはなかなか続かないのが現実です。

ですので、続かないとわかっている人は、**できれば早めにスクールやジムに通う**のがオススメ。

最初は確かに気後れしますが、誰とも会話せず黙々とトレーニングして帰る人も少なくありません。それに、もともとそういう場所ですので、ムリに会話しようとしなくても、周りもそこまで気にしません。

もちろん、先生やほかの会員さんと顔見知りになれば、さらに居心地のよいものになるでしょう。

運動したあとは、心身ともにリフレッシュできるので、私はモヤモヤしたときこそ、激しく動きます（笑）。もちろん寝つきもよいです。

楽しく続けられそうな運動から、始めてみましょう！

12

日付	やったこと	きもち
月 日		

STEP

13

歯や口元のトラブルをなくす

「芸能人は歯が命」という言葉、ご存じでしょうか？

歯磨き粉のテレビCMがきっかけで流行語大賞にもなった名言ですが（笑）、芸能人ではなくとも、人前に出る職業の人は、口元や歯のケア、メンテナンスは欠かさないといいます。

アイドルやモデルを目指す子は、幼いころから歯の矯正は必須。

バナナマンの日村さんや三四郎の小宮さん、錦鯉の長谷川さんなど、元々歯がないことを売りにしている芸人さんでも、売れてくると、しっかりとお直しされています。

「歯の神経が死んでいる」ことを売りにしていたハリセンボンの箕輪さんも、のちにホワイトニングされて、きれいな歯になられましたね。

それほど、人前に出る職業の人にとって、まさに「歯は命」であり、口元のトラブルは、視聴者に不快感を与えてしまうものなのですね。

実は、私も元々歯並びにコンプレックスがありました、

前歯2本が大きく、いわゆる出っ歯で、子どものころは「ビーバー」などと言われたものです。

13

実家は裕福ではなかったので、子どものころに歯並びを矯正するなどという考えはなく（苦笑）、大人になってもずっとそのままでした。

年齢を重ね、自分で使えるお金ができたとき、矯正しようと思い立ちました。

仕事柄、ワイヤー（金具）での矯正ではなく、マウスピース矯正といって、寝ている間だけマウスピースをはめるものです。

極端に2本出ていた前歯が揃い、ガタガタだった歯列がきれいに整ってくると、歯磨きやクリーニングもしやすくなり、虫歯や歯肉炎にもなりにくくなりました。

長年の悩みが解消され、気持ちがすっきりしたのを覚えています。

その話を友人にしたところ、

「確かに〜、うちの夫も前歯がすきっ歯なので人前で大笑いしたり歯を見せて写真を撮ったりしてこなかったんだけど、つい最近、直したら、『自信を持って笑えるってスゴイ！　48年間ムダにした！』と。本人にとっては大問題なんだよね。」と言っていました。

このように、歯並びや口元に自信がないことが原因で、人前で笑ったり、人と会うことにストレスを感じている人が少なくないように思います。

口元を気にせず笑顔をつくれる安心感

コロナ禍以降に出会った人がマスクをはずすと、「そんな顔だったの」と思うことがありました（笑）。

それだけ、鼻から下の印象って大きいんですよね。

当然、歯並びがきちんと整っている人は、清潔感があり、好印象を与えます。

自然な笑顔は相手への気遣いです。

口数も笑顔も少なかったら、「機嫌が悪い人」「仲良くなる気のない人」と見なされても仕方ありません。

かつての私がそうだったように、人見知りさんほど、自分の表情が相手にどんな印象を与えてしまうかまで注意が及ばないことが多いものです。

せっかくのイベント、会食、デートなのに、相手が終始無表情だったら……こんなに悲しいことはありませんよね。

13

「心からここにいるのが楽しい！」と表現できるように、今のうちから歯や口元のトラブルは解決しておきましょう！

もちろん、高価な審美治療やホワイトニングをオススメしているわけではありません。

「歯並びや口元を気にしない自分」でいることで、自分の表情への不安をなくします。

一部の芸能人やスポーツ選手のような真っ白な歯でなくとも、自然な白さで十分です。

人見知りさんには、歯医者へ行くこと自体が苦手な人も多いと思います。

昔の歯医者といえば、上から目線で威圧的であったり、すぐに歯を抜こうとしたりするイメージも確かにあったと思います。

しかし、私の印象では、最近の歯医者さんはやさしい先生が多いですし、患者さんの不安な気持ちに寄り添って無理のない治療をしてくれるクリニックも多いです。

今はインターネットやＳＮＳで事前に情報を得ることができますので、自分に合ったクリニックや先生を見つけて、訪ねてはいかがでしょう。

痛みが苦手な人には無痛治療、嘔吐反射（口の中に器具をいれるとすぐに「オエッ」となる）の人には小さな器具や麻酔、光学印象という型採りなどで負担のかからない工夫が進んでいます。

歯が見えないように手で隠して話したり、口を開けて笑うのを控えたり。そんなことを気にした状態では、コミュニケーション自体避けてしまいますよね。

自信を持って人と話したり笑顔をつくれるよう、普段から口元のケアを大切にしていきましょうね！

日付	気になること	やったこと
月　日		

STEP

14

失敗談を話のネタとしてストックする

初対面の会話に困る……

いや初対面でなくても、1対1なんかのときに急に話のネタに困ることは、人見知りさんにはあるあるですよね。

エレベーターであまり親しくない人と一緒になってしまった、15階までどう過ごそう……　ありますあります（笑）。

なので、ここでは急に角度を変えて、**「いざというとき話のネタに困らないためのレッスン」**です。

まずお伝えしたいのは、「**実体験に勝るものナシ！**」ということです。

今は、ネットで瞬時にニュースが得られる時代です。

しかし、それだけではただの情報であり、楽しい会話のネタとまではいきません。

実体験、特に失敗談や恥ずかしい過去、コンプレックスほど、共感性の高いネタはありません。

共感して聞いてもらえる「失敗エピソードトーク」

私は、「しくじり先生」（テレビ朝日系列）という番組が好きなのですが、

「人生を盛大にしくじった人から、しくじりの回避法を学ぼう」というコンセプトで、タレントさんが面白おかしく失敗エピソードを披露していくトークバラエティです。

そのほかの番組でも、タレントさんや芸人さんは、コンプレックスを武器に、視聴者からがっつり共感を得ています。

ここ1週間を振り返ってみて、こんな笑える失敗やドジはありませんか？

- 車の中で大声で熱唱していたら、隣のバスの乗客と目が合った
- 洋服のタグを付けたまま出かけてしまった
- 麦茶だと思って飲んだら麺つゆだった
- 洋服屋さんで、「サイズ違いの服ありますか？」と聞いたら、お客さんだった（だって所作が店員っぽかったんだって〜）
- ランニング中、誰もいないと思って鼻歌を歌ったら人に聞かれていた
- 社員証をつけたまま帰宅した（電車で会社名と名前バレバレ）

今はスマホのメモ機能がありますから、こんなクスッと笑える体験やエピ

ソードは、どんどんストックしていきましょう。

無言がツラい「エレベータートーク」ネタを集めておく

エレベーターや道端でちょっと会ったぐらいの関係であれば、エピソードトークを披露するまでもありませんよね。

次のキーワードを使って、すぐ終わる、もしくはすぐ終わっても構わない短めの会話のネタストックがあると、役に立ちます。

エレベータートーク用「シタシキナカ」

シ…趣味の話
タ…旅の話
シ…仕事の話（学生さんは学校・勉強の話に置き換えましょう）
キ…気候（天気）の話
ナ…仲間（友達）の話
カ…家族の話

一番無難なのが、お天気トーク。

エレベーターで居合わせて「今日は暑いですね～」「ゆうべはすごい雨でしたね～」の軽い会話の途中で「チーン」となっても、それほど気まずくありません。お互いダンマリよりも、ずっとよい空気です。

逆に、気をつけたいネタがあります。

❶思想的、政治的、宗教的な話
❷他人の悪口、不平不満
❸場違いな話、専門的な話
❹自慢話

共感できない話、難しい話、ネガティブな話は、聞きたくないものです。

ＳＮＳやネット情報などをもし活用するとしたら、噂話のように情報をただ横流しするよりも、それに対して自分がどう思ったのか、自分もこういうことがあった、というところまで話すようにすると、会話が続いていきます。

自分の感情がそこにないと、相手のリアクションも「へ～」で終わってしまう可能性大です。

ニュース、スポーツ、音楽、なんでもそうですが、世間で盛り上がっている話題だとしても、自分や話し相手に関心がなければ、会話は続きません。

自分の体験や気持ちを通したネタであれば、他人にも伝えたくなるので、会話の中で積極的になれます。

失敗やしくじりこそ、共感性の高いネタと心得て、すぐにメモし、ストックしていく習慣を身につけましょう！

日付　月　日

失敗談・しくじったことメモ

14

\ STEP /

15

自分のことを話す準備をする

会話のネタの集め方を知ったら、今度はそれらを整理して話す準備をしていきましょう。

せっかく面白いネタがあっても、ちゃんと伝わらないと、その面白さも半減してしまいますから。

話しベタだからといって、あきらめる必要はまったくナシ！

トーク力は筋トレと同じで、鍛えれば身につくものです。

そのために効果的なのが、文章の組み立て方を知ること。

「突然、話を振られると、話がとっ散らかってまとまらない～…」

というお悩みの場合、言いたいことはあっても、どんな順番でどうやって話せばいいのか、わかっていないケースが多いです。

つまり話の構成が頭にないので、気持ちだけ先走ってうまく話せないのです。

もちろん、家族に話すだけだったら、イチイチ構成やオチなど気にしなくてOKですよね。

言いたいことだけ言って、部屋に戻っても許されます（笑）。

15

ですが、友達や同僚との何気ない会話でも、3人以上集まればそれはもうパブリック。

私も経験ありますが、ランチや飲みの席で会話にうまく乗れないと結構つらいもの…。

まず、興味や関心を持ってもらい、共感してもらえることが、楽しい会話を続けるコツです。

もしこちらから話を始めてよい雰囲気であれば、前項の失敗談を使って、「そういえばね」「こないださ〜」といった感じで、話しかけてみてください。

実際に自分がやらかした失敗談なら「オチ」が決まっているので、面白くなるような「前フリ」も、何を持ってくるといいか、考えやすいですよね。

ちなみに「前フリ」とは、自然な流れで本題に入るためのきっかけとなるトークのこと。

「もうすぐ夏休みだね。お出かけの予定とかある?」

「特に決まってないけど、久しぶりに海外とか行きたいなー」

「海外いいねー。**そういえば、**去年韓国に行ったときにね……」

こんな感じで、体験談につなげるのもアリです!

最初は、家族や親しい友人からでOK！

プロの芸人さんでも、エピソードトークはいきなりテレビなどでは披露せず、内輪からはじめ、劇場→テレビへと磨き上げていくそうです。

頭の中で組み立てるのでもいいですし、実際に書いたり、しゃべってみて、トークの練習をしてみてくださいね。

アワアワせずに説明できる「5W1H」

また、話しベタさんに多いのが、5W1Hのどこかしらが抜けてしまうことです。

5W1Hとは、

Who（誰が）
What（何を）
When（いつ）
Where（どこで）
Why（なぜ）
How（どのように）

です。

話そうとして焦りすぎると、主語などが抜けてしまうことがあるので、ちょっとだけ注意してみてくださいね。

トーク力をひそかに上げるコツですが、最終的には人に聞いてもらうことが目標なので、人の目に触れる前提で書く＝ブログやＳＮＳへの投稿を日課にすることもオススメします。

短くていいので、自分の想いを語る習慣をつけましょう。

あと、考えや状況をうまく説明するのに効果的なのが「たとえ話」です。そのために私が常日ごろやっているのは、「たとえ話のリスト化」。

この本にも、音楽やスポーツなどのたとえをたくさん出していますが、相手の性別や年齢に会話を合わせられるよう、よいたとえ、比喩が浮かんだら、すぐにメモするようにしています。

もちろん、ＳＮＳで発信もしてますよ！

それ自体が話材のストックになりますから。

気に留める、書き留める。そして書き出す。それだけでも、頭の中の「トーク力」は育っていきます。

毎日の歯磨きのように、自分の考えやエピソードを発信することを習慣にしていきましょう！

日付	月　日
話のオチ	
前フリ・状況説明	

15

「人見知りを克服してやってみたいこと」の始め方を調べる

人見知り克服チャレンジも、ココで半分の折り返しです。
そろそろ、少し疲れてきたり、飽きてきたり、途中で投げ出したくなる時期かもしれませんね。

ここで、いったん、STEP①を見返してみましょう。
「人見知りをなんとかできたら、したいこと」には、なんと書いてありますか？

あなたの未来を思い浮かべる時間です。

ここまで行動してきて、改めて、目標にしていたことができるようになったとき、自分のことをどう思いますか？

周囲の人たちに、どんな気持ちで接することができそうですか？

1日の終わりには、どんな気分になりそうですか？

達成できたときのことを想像すると、ワクワクした気持ちを思い出し、そこに向かっていこうという気持ちがまた湧いてきます。

反対に、目標をここであきらめてしまったら、どうでしょうか？

夜寝るときに明日のことを想像すると、どうでしょうか？

目標を達成できなかった状況を想像してみると、それは避けたいという気持ちが出てくると思います。

そうそう、それが嫌で嫌で仕方なかったから、何か始めようと思ったんだ、この本を手にとったんだ！という気持ちが戻ってくるはずです。

ところで、せっかく設定した目標が達成できない人には、共通の口癖があります。

それは、「いつか」「そのうちに」です。

「いつか達成する！」では、そのいつかは永遠にやってきません。

「今日から動く」「〇月〇日に達成する！」という計画を立てて自分から進んでいかないと、手に入らないものです。

ですので、仮でもいいのでいつまでに達成したいか、だいたいの日にちを設定してみましょう。

そこからは逆算ですが、目標を達成するためには具体的にどんな方法があるのか、調べましょう。

たとえば「ダンスを始めたい」なら、近くに良いダンススクールはあるか、雰囲気は自分に合いそうか、体験レッスンや入門クラスはあるか、あるなら○日に行ってみようなどなど、見つかることはたくさんあります。

「なりたい職業に就く」には、持っていると有利な資格はあるか、求人倍率ってどれくらいなのか、募集資格を満たせる職種はどんなのがあるだろう、など、早めに知っておかないと、すぐ対応できないこともあります。

具体的な目標ではなく、「気の合う友達をたくさん見つけて、一生楽しく過ごしたい！」という目標にしていた人も、気の合う友達ってどういうところで見つけられそうか、推し活仲間であればそれができそうか、ネットで探してみるか口コミで知り合いをたどってみるか、など、方法を考えてみます。

私は、ひとりでも多くのあがり症、対人恐怖症の人を救いたくて、自分で教室を開校しました。

そういう方法だって、あるのです！

ただ、自分ひとりの力だけで起業できたかというとそういうわけではありません。

講座のカリキュラムやテキストなど核の部分は自分で構築しましたが、法人を設立したときは、税理士さん、司法書士さん、コンサルなど、その道のプロに相談しました。

過去の私もそうでしたが、誰にも相談せずひとりでどうにかしようとして、結果行き詰まってしまうのも、人見知りの人に多い傾向です。

頼れるところは頼ってください！

「なりたい自分」への具体的な道筋が見えてくると、「小さなチャレンジ」もまた続けていくモチベーションアップにつながります。自分に制限をかけずに、ワクワクする気持ちを大切にしていきましょう！

STEP

16

「ありがとう」を伝える

コミュニケーションは、話す力と聞く力に大きく分けられます。

あなたはどっち派でしょうか？

人見知りさんでは、「聞く方がまだ苦にならない」という人が多数派かもしれませんね。


人間関係において、自分のことばかり話す人より、話をよく聞いてくれる人の方が断然好かれます。

ですから、話すのが苦手＝コミュニケーション能力がないと自分を責める必要はまったくありません！

聞く力があることは立派な長所。

履歴書や面接など自己アピールするときは、堂々とそのことを自分のよいところとして述べましょう！


ただ、伝える力が足りないことで日常生活の中で苦しさや生きづらさを感じているとしたら……　もったいないですよね。

人見知りを克服するために、これからは**伝える力を少しずつ身につけていきましょう！**

そのとっかかりとしてオススメなのが、「人に感謝の気持ちを伝える」という行動です。

具体的には、「ありがとう」と口にすることです。

人に感謝の思いを伝える機会は、実は普段の生活の中にあふれています。

たとえば家に荷物を届けてくれた配達員の方に、「ありがとうございます」。

エレベーターで扉を開けて待ってくれていた人に、「ありがとうございます」。

職場でお菓子をくれた同僚に、「ありがとう！」。

フォーマルな言い方から、カジュアルな言い方まで、どのような場面でも気軽に使えるのがいいところで、行動範囲がそれほど広くなくとも、身近にそういった機会はたくさんあるはずです。

どんな場面でも、ありがとうと言われて嫌な気持ちになる人はいません。

あいさつのように、

「今忙しいから声かけるタイミングではないかな……」

「いきなりあいさつしたらビックリされるかな……」

などと、相手のことをあれこれ考える必要もありません。

「ありがとう」は、相手のアクションがあって初めて伝えることのできる言葉だからです。

感謝の言葉は、言われた人だけでなく言った人も幸せな気持ちにします。

目の前で言われた人が喜んでくれたら、誰だって嬉しいですよね。

この行動を繰り返していくと、自然とポジティブ思考に変わっていくことができます。

感謝の気持ちを表すことは、相手の良いところを見つけて認めることだからです。

相手の嫌なところを見つけて指摘するのとは、真逆の行動ですね。

ネット上での誹謗中傷や罵詈雑言を見るたびに悲しい気持ちになるのは私だけではないはず……

他人の揚げ足を取ったり、他人をうらやんだりしていても、残念ながら自己

16

嫌悪に陥るばかりです。

そんな負の感情の連鎖を断ち切ってくれるのが感謝の気持ちであり、感謝することで自分は恵まれていることに気づくことができます。

おいしいご飯が食べられること。

冬は暖かく夏は涼しくいられること。

安心して寝られる場所があること。

当たり前と思っていることはどれも、自分ひとりの力で手に入るものではありません。

周りの人や環境に恵まれていないと得られないものです。

「ありがとう」を言葉で発するときは、笑顔を見せるようにしましょう。

せっかくの言葉も、無表情でボソボソっとした声では、伝わる気持ちも半減してしまいます。

お礼は、大げさすぎるくらいの方が、気持ちがよく伝わります。

STEP⑤「笑顔をつくる練習」やSTEP⑦「表情筋エクササイズ」、STEP⑧「腹式発声の練習」でお伝えしたことを参考にしてみてくださいね。

うまく言おうとする必要はありません。

多少ギクシャクしたって、何も言えないより言えるだけでいいのです。

少し慣れたら、**自分が言われて嬉しかった一言を付け加えて**いきましょう。

たとえば、

「ありがとうございました、助かりました！」

「ありがとう、うれしかった！」

って一言加えるだけでも、気持ちがより伝わります。

身の回りの小さな幸せを見つけて感謝する気持ち、言葉で表すことをぜひ習慣にしていってくださいね！

日付　　月　　日

お礼を言いたくなったこと

16

STEP

17

誰かを本気で応援する

初めての人と話すと、ガチガチになる。

部署異動から3か月経っても、ほとんど話せていない同僚ばかり。

そんなふうにコミュニケーションで悩む人は、日ごろから、〝自分がひとからどう思われているか?〟といった**周りからの評価や周りの反応を人一倍気にしていたりする**ことが多いと思います。

もともと、社会的な動物である人間は、自分の評判に敏感になるように進化してきたのですから、当然です。

よい評判は仲間内での地位を高めて安全の確保につながり、反対に、悪い評判がたつと、仲間内から排除されてしまいます。

私たちは、よい評判を得ると幸福感が増し、悪い評判によって傷つくようにできているのです。

さらに現在は、X(旧Twitter)やFacebookやインスタグラム、YouTubeなどのSNSによって、お互いの評判をリアルタイムで可視化できるようになりました。

友だちと比べて、「いいね」がつかないとモヤモヤしたり、再生回数が伸び

17

ないとガッカリしたり。

私の若いころはネットがなかったので、「いいね」の数や、LINEの既読・未読に翻弄されることもありませんでした。

でも今は、リアタイで喜びや幸せを共有できる反面、他者の評価というストレスを受けやすい時代であると感じます。


こういった他人の評価に振り回されない方法としてオススメなのが、誰かを本気で応援することです。

いわゆる、「**推し活**《おかつ》」「**推し事**《おごと》」ですね！


「推し活」というと、以前はアニメやゲームなどのキャラやアイドルを応援することをいっていましたが（ヲタ活とも?･）、今ではそれに限らず、音楽やドラマ・映画などの作品自体であったり、実際の建造物や風景など多岐にわたって使われていますよね。

好きな物事に夢中になっている時間は、人からの評価が気になりません。

日常生活の中で、「人からどう思われるか」を考える時間を減らすことができます。

嫌な時間を減らし、思考グセを少しずつ変えていくことができるのです。

また、自分が本当に好きなことに対しては、**評価する気持ちよりも応援する気持ち、愛でる気持ちの方が勝ります**。

一生懸命、ひとつのことに打ち込んでいる人は、他人から何を言われようと、どう思われようと、ブレない芯があって、キラキラ輝いている。

そんなことを、推し活を通じて学ぶことができると思います。

「人の視線や評価を気にしないようにする」と心に決めても、それができないどころか、逆効果のような気がすることもありますよね。

でもそれは、あなたの精神力が弱いからとかではなくて、環境や習慣に依存することが多いからです。

無理に意思だけでどうにかしようと思わなくても、没頭できること、夢中になることが見つかれば、案外簡単に変えられるものです。

同じ**推し仲間を見つけると、意気投合しやすい**のもメリットです。

「推し」を好きな気持ちを分かち合える喜びが湧いてくるので、無理にネタを探さなくても、自然と会話が続きます。

鉄道ヲタクさんなんかを見てるとわかりますね（笑）。

私は40年の放送を終えた「タモリ倶楽部」という番組の大ファンで、毎回その道のヲタさんが出てきて、ひとつのことをとことん掘り下げまくるところが大好きでした。

皆さんイキイキしてましたよね。


先日、私の地元に、映画のPRでキムタクさんが来たのですが、誰が一番興奮してたかっていうと、地元のおばあちゃんたちでした（笑）。

みんな気持ちが高揚し、お肌が赤く染まっていました。

アイドルの効果は偉大ですね！


話がだいぶ逸れましたが、年齢関係なく、「推し」を見つけることで、みるみる元気になっていった人をたくさん見てきました。


ただし、何にでも言えることですが、ヤリ過ぎには注意しましょう。

ハマりすぎて普段の生活のバランスが崩れては元も子もありません。

お金や時間にゆとりのある範囲で楽しみましょう。

他人の迷惑になったり、自分の心身がダメージを受けることになったりして
は本末転倒です。

自分のペースを大切にしながら、他人の評価に左右されない「推し活」を楽
しんでください
ね！

日付
月　日

推しが尊い件について語ったこと

17

STEP

18

不安に思っていることを親しい人に話してみる

気づいたら不安なことをずっと頭の中でぐるぐると考えてしまっている……

そんな経験はありませんか。

「将来が見えない……」「婚活しないと、かな……」といった漠然とした不安から、「明日の朝礼うまくできる自信がない……」「欲しいものが人気で買えないかもしれない……」という直近で具体的なものまで、不安はどこにでも転がっているもの。

考えても仕方ないとわかっていながら、気づけばまた頭の中で同じことを考えてしまっていたという経験は誰にでもあると思います。

では逆に、気づいたら頭の中でいいことばかりを繰り返し考え続けていた、ということはありますか？

おそらく、ほとんどの人が、NO〜でしょう。

どうしてだと思いますか？

それは、他人と比べる思考グセがあるからです。

人見知りの人は、他人からどう思われるかを気にする傾向があるとお伝えしていますが、それは他人から認められたいという欲求が強いことの裏返しでも

18

あります。

アメリカの心理学者、アブラハム・マズローが人間の基本的欲求を5段階に分類した「欲求段階説」の中の「承認欲求」といわれる部分で、「他者から認められたい」「自分を価値ある存在として認められたい」という欲求です。

身近なことでいえば、仕事での頑張りを評価してほしい、SNSで「いいね」やコメントがたくさんほしい、などを思うことです。

もちろんそのような気持ちは誰もが持っている気持ちのひとつです。

私も、書いたブログの反応がたくさんあるとうれしいし、ないと悲しいです（笑）。

承認欲求は誰にでもありますが、肝心なのは、その強さです。

「認められたい」という欲求が強ければ強いほど、満たされることがなくなります。

このような不安を減らすには、不安に思っていることを、できるだけ具体的に人に話してみることをオススメします。

身近な人、話しやすい人に対してでいいです。

コミュニケーションとは、楽しい話、嬉しい話ばかりをすることではありません。

悲しいこと、怒ったこと、不安なことを伝えるのもまた、コミュニケーションです。

不安や悩みって、実際よりも大きく深刻に捉えてしまうことが多いのですが、他人に話すことで、自然と頭の中で事実として整理されていきます。

そうすると、意外にも「え、それだけだっけ？」って思うこともあります。

不安な気持ちを話すのは、弱い自分をさらけだすからカッコ悪いこと……ではありません。

実はそのコミュニケーションこそ、相手とのつながりをより強くします。

成功した話、カッコいい話ばかりするよりも。

聞いてくれた人は、今度はあなたに不安な気持ちを話しやすくなり、心を開いてくれます。

つまり、話し相手として認められることになるのです。

そうなってくると、自分の居場所が増えた気持ちになります。褒めてほしい、「いいね」がほしい、といった承認欲求よりも、もっとリアルに自分の心が満たされる感じです。

ひとりで悩んでいても袋小路に迷い込んで、グルグル考えすぎてしまう。だったら、思い切って誰かにその悩みを打ち明けてみるという行動を起こしてほしいのです。

私はあがり症克服の講師を20年していますが、今でもＴＶ出演や外部講演などアウェーの会場での仕事があるときは、何日も前からそのことを想像するだけで不安になったり緊張したりします。

そんなときは、講座で生徒さんに、

「今度〇月×日に大きな会場で司会進行するんだけど、もう、今から緊張しています〜。だから、少しだけ時間をお借りしてここで練習させてください。」

って、普通に言っています（笑）。

むしろその方が、生徒さんも親近感を持ってくれて、私の話もよく聞いてくれますし、悩みもたくさん話してくれます。

そうやって、いい関係を作っています。

今の私はあがり症や人見知りを克服していますが、それは不安な気持ちを乗り越える方法を知って実践しているからです。

不安はひとりで抱えずに、周りの人を信じて、話す習慣をつくってみてくださいね！

日付　月　日

不安に思っていることって何だろう

18

STEP
19

人の話をしっかり聞いてみる

STEP⑰でも出てきましたが、相手の話をしっかり聞ける人もまた、コミュ力の高い人です。

つまり、「聞き上手は話し上手」です。

相手が誰であれ流暢に話す人って、かっこいいですよね。

憧れて、そのようになりたいと思ったり、そういう人と比べては、「自分はできない」と落ち込むこともあるかもしれません。

でも実は、コミュ力の高い人をよく観察すると、決してしゃべってばかりいるわけではないことがわかります。

コミュ力の高い人、好かれる人は、実は聞き役に回っていることが多く、割合でいうと、「聞く」が8割、「話す」が2割くらいじゃないでしょうか。

相手の話を引き出し、共感しながら、会話しています。

聞くことに徹していると、この人が話したいと思っていること、興味があることがわかります。

相手の心に耳を傾けることができるから、話し相手としてとても好かれま

19

す。

ですので、初めての人とリアルに話す前に、身近な人を相手に聞く力をぐっと伸ばしておいてほしいのです。

聞き方3つのポイント

聞くときのポイントですが、まず、「**相手のことをよく知りたい**」という**気持ちを持つ**ことです。

そのときに邪魔になるのが、先入観や固定観念です。「この人はきっと、こういう人に違いない。こうだったに違いない。」と思い込んでしまうことです。

人は見かけによらないもので、一見コワモテでもやさしくて献身的な人もいれば、その逆もあります。

なるべく先入観をなくして、相手のことを理解するつもりで聞くようにしましょう。

次に、聞くときの姿勢ですが、「**体を正面に向けて目を見て聞く**」ようにすることです。

「聴く」という文字は、「耳」「+」「目」「心」という文字でできているように、耳と目と心で聞きます。

足や腕を組んだり、斜めに構えるのはNG。

自分が話しているときに、目をそらされたり、腕を組まれたり、ましてやスマホを触りながら聞かれたりしたら、誰だってイヤな気持ちになります。

正面から目を合わせることで、「ちゃんと聞いてくれている」という安心感、信頼感が確実に増します。

目を見ないで会話していいのは、家族だけです（笑）。

もちろん、1秒たりともはずしてはいけないわけではありません。

じーっと凝視すると、かえって圧をかけてしまいますので、「やんわりふんわり」見るように。

相手が悲しんでいるとき、落ち込んでいるときは、ときに視線をはずしてあげるのもやさしさです。

相手の心情を思いやり、寄り添う気持ちで接してみてください。

19

最後に、会話にはリズムが重要です。

聞き手としていいリズムの会話づくりに有効な手段が、相づちです。

小さくうなずく、ゆっくり深くうなずくなどいくつかパターンがありますが、一番よいのは相手の話すスピードにあわせて相づちを入れることです。

ただし、「ハイハイ」と何度も繰り返し相づちすると、適当に流されている気分になるので要注意。

子どものころ、「ハイは1回！」と注意されたように、オトナの皆さんは相手を受け入れる気持ちで、ゆっくりうなずきながら、聞き入りましょう。

人前で話すのが苦手な人には共感してもらえると思いますが、大勢の前で話すときに何が怖いかって、まったくリアクションがない状況です。

そして、その中に1人でも2人でもうなずいて聞いてくれている人を見つけると、途端に気持ちがラクになります。

普段の会話も同じ。相づちとは、相手を肯定する態度です。

話している相手にとっては、「自分を受け入れてくれる」「この人とは気が合う」と感じてもらえる効果があります。

とびっきりの話を持ち合わせていなくても、いい聞き方ができるだけで、相手との良好なコミュニケーションが生まれます。

いろいろな価値観を持つ人の話をたくさん聞いて、傾聴力・共感力を身につけていきましょう！

日付　月　日

今日話を聞くときに気をつけたこと

19

STEP
20

自分からあいさつをする

さて、いよいよ「自分からあいさつする」のフェーズに入りました。

ビジネスマナーの本だと、普通は序盤で出てくる項目かもしれませんね。


確かに、「あいさつはコミュニケーションの第一歩」であり、子どものころは「大きな声であいさつしましょう！」、社会人になってからは「あいさつはマナー」と、何十回何百回と聞かされてきました。

もう、耳タコ案件です（苦笑）。

でも、それができたら苦労しないわけで。


アタマではわかっていても、カラダが言うこと聞かない。

わかるとできるは違うから、いざ人とバッタリ会うと、思考と身体がピタッとフリーズしてしまう。

「おはようございます？　こんにちは？　今どっち？」

「あいさつしたあと、どうすりゃいいの……？」

「去り際はどうしよう……」

などと、あーでもないこーでもないと考えているうちに、ついタイミングを逃してしまう。

20

誰かと会うと面倒だからと、通勤ルートを遠回りしてみたり、時間を変えてみたり、お店で誰かを見かけたら逃げるように立ち去ったり。
毎日そんなことを繰り返していると、自己嫌悪感がムクムクと湧いてきて、押しつぶされそうになってしまいます。

そう、全部、過去の私のことです。
そして、過去のあなたでもあります。

これまでのステップを実践してきたあなたは、以前あなたがいた場所とは違うステージにいます。

下記のページを見返してみてください。

●STEP③　ストレッチをする
●STEP⑤　笑顔をつくる練習
●STEP⑥　腹式呼吸の練習
●STEP⑦　表情筋のエクササイズをする
●STEP⑧　声を出す練習をする
●STEP⑪　姿勢をよくする

あいさつという当たり前のことができない自分に、情けない思いをしてきたかもしれませんが、これらの練習ひとつひとつはどうでしたか？

家でひとりでもできるトレーニングをお伝えしてきたので、できていることもあるはずです。

ストレッチを続けていると、緊張したときに身体が硬直しにくくなります。

普段から身体が硬いと、どうしても緊張しやすい体質になるので、**ストレッチは、「あいさつするときに身体がフリーズする」という体質改善に大きな効果を発揮**します。

あいさつのときに最も心がけるとよいのが、笑顔です。

極端な話、「大きな声だけど怖い顔をしている人」と、「声は出ていないけど笑顔な人」と、どちらが印象がよいですか？

そう、ほとんどの人が「声は出ていなくても笑顔な人」によい印象を持ちます。

駅やお店、道端や廊下など、少し遠めなところで知り合いに会ったときは、無言でほほ笑むだけでOKです！

20

仲良くなろうとか、何か話さなきゃとか深く考えずに、初めは表面的でもいいので、この笑顔を向ける回数を増やしていきましょう。

繰り返していくと、表情筋が覚えて、自然とできるようになります。

慣れてきたら、いろんな場面で声をかけてみましょう。

「おはようございます！」

「こんにちは！」

「お疲れ様でした！」

「お先に失礼します！」

声が小さすぎると、相手が気づいてくれない可能性があります。

せっかく勇気を出して言葉を発したのに、無駄撃ちになってしまったり、無視された〜！と勘違いしちゃうのは、とてもモッタイナイ。どうせならいつもの1・5倍くらいの大きな声を出しましょう。

姿勢は、座っているときも、歩くときも、スッと背筋を伸ばしている方が好印象でしたね。

できるだけ美姿勢を保ちましょう。

たかがあいさつ、されどあいさつ。
普通の人にとってはただのあいさつでも、人見知りさんにとって、自分から声をかけることができたという達成感はハンパないはず！
あいさつは、「自己評価が低い」という人見知りの原因を取り除く大きなチャンスでもあるのです。

毎日毎日、何回でもチャレンジできるのがいいところ。
ＲＰＧだと思って、出会った人に、何度でもあいさつしてみましょう！

日付
月　日

今日あいさつできた人とタイミング

20

STEP

21

好きな音楽や映画を人に推してみる

人見知りさんは、自己主張が苦手な人が多いと思います。

私もそうでした。

完全なるA型長女気質で、親にも兄弟にも、先生にも同僚にも、親友にも彼氏にも、どこかいつも遠慮気味。

わがままや自分の意見を言うことはできませんでした。

「何が食べたい？」「どこへ行きたい？」に対しては、「何でも」「どこでも」。レストランで注文する際も、「みんなと同じでいいです」。

今はというと、スタッフや生徒さんに「先生は、いい意味で押しが強いですね！」と言われるので、まあそうなのでしょう（「いい意味で」って便利な言葉ですね〜）。

お店に入ってみんながとりあえずのビールを注文していても、ひとりだけワインをオーダーできるようにもなりました（笑）。

人見知りを克服して、生きやすくなったなと感じるのは、こうして**自分のやりたいこと、欲しいものをガマンしなくてもよくなったおかげで、ストレスから解放された**こと。

21

そして、何より、自分の考えや意見を述べても嫌われることはないと身をもって理解したことです。

自分の考えを通そうとすると、さまざまな価値観の中で、意見や好みの食い違いが生じることもあります。

そんなときも、自分の素直な気持ちを伝えたうえで、（たとえ自分の考えと違ったとしても）相手の気持ちも受け入れられること。

これらが備わって初めて「自己主張」って言えるんです。

自他ともに考え方を尊重し合える、アサーティブな関係です。

自己主張と似て非なるのが、「ワガママ」「ジコチュー」です。

自分の気持ちがすべてで、相手が自分の思い通りにならないと、イライラしたり、パニクったり、相手を否定したり。

人見知りにはジコチューが少ないと思いがちですが、そもそも主張が苦手だから思いが通らず、日ごろからストレスやうっぷんを溜めやすいんですよね。

それを周りや環境のせいにしてしまう人見知りさんもおられます。

そういう場合は、相手の気持ちをコントロールしたり、反応を決めつけるのではなく、**自分の気持ちをコントロールする**ように努めましょう。

たとえば、何か話したら、必ず共感してもらいたい。同じように悲しんでほしい。

自分の好きなものは、相手も好きであってほしい。

人間なので、そういう願望は誰にでもありますが、誰もが同じ趣味・嗜好を持っているとも限りませんし、他人は自分の思い通りにはできません。

できないことを何とかしようとすると、ストレスになります。

ですので、これからは、

「**私はこういう風に思っているんだけど、どうかな**」

「私はK－POPが好きだけど、～さんは？」

というふうに、相手の気持ちを受け入れるゆとりを持つようにしましょう。

最初から相手の反応や好みを決めつけると、違った反応をされたときに、凹んだりイライラしたりする気持ちが大きくなります。

でも、「共感されるかもしれないし、されないかもしれない。好みが合ったらラッキー」ぐらいの心持ちでいると、ネガティブな気持ちがそこまで生じなくなります。

K-POPを例に挙げましたが、自分の好きな音楽やドラマ、映画、本などを人に推すのは、自己主張初心者さんには最も取りかかりやすい方法です。

そこには正解・不正解はなく、相手と好みが合っても合わなくてもまったく構わないからです。

まだ観ていなくても、「あの映画、面白そう…… 気になる！」というのだって、立派な自己主張です。

もちろん、相手のオススメも聞き入れてあげて、観たり聴いたりしたら、感想を伝えてあげてくださいね！

私は最近、バカリズムさん脚本のドラマが好きで、Facebookでオススメしたら、さっそく友人に「面白かったよ！ 教えてくれてありがとう！」と言われて、とってもうれしかったです。

会話だけでなく、ＳＮＳで発信するのも立派な「自己主張」なんですね。
好きなものをオススメしあったり、気持ちをオープンにしたりされたりしながら、友だちと良い関係を築いていきましょう！

日付　月　日

オススメしたいもの

推しポイント

21

STEP

22

店員さんに声をかける

次は「お店の人に話しかける」ことについてです。

ハイ、これもまたハードルが高いです。

私もまったくこれができない人間でして、お店に入って、「スイマセ～ン！」が言えず、注文をとりにくるまで、お水を持ってくるまで延々と待ち続けた経験は数知れず……

なんなら、今でも、ショップ店員さんの「何かお探しですか？」攻撃が苦手だったりします（苦笑）。

でも、行動パターンを変えたことで、「スイマセ～ン！　注文お願いしま～す！」ぐらいは言えるようになりました。

STEP⑩「似合う服を着る」でも少し触れましたが、実は、店員さんに話しかける行為は、コミュニケーションでの成功体験が最も得やすいんです。

店員さんはその分野のプロであるのと同時に接客のプロなので、基本的にこちらの声にしっかり最後まで耳を傾ける姿勢を持って聞いてくれるからです。

こちらがまだ話している途中なのに、それを遮って口を挟まれてしまった経験、ありますよね。

「話しかけても最後まで聞いてもらえない」体験を積み重ねている人ほど、自分から人に話しかけることに無意識のうちに苦手意識を持っていることが多いです。

そういった苦手意識を変えるチャンスが、ショップにはあります。

できるだけ話しかけやすそうな人、感じがよさそうな人を見つけて声をかけるのがオススメです。

入院したときの看護師さんのやさしさが忘れられない、飛行機に乗ったときのCAさんの笑顔や所作が素敵だった、という人も多いですよね。

彼女たちは、患者さんや乗客の気持ちがやわらぐように気遣いをしながら、きびきびと働いていらっしゃいます。

私も、行きつけの歯医者の先生や歯科助手さんと仲良しで、忙しそうでなければ雑談をして、最後は「ありがとうございました!」ってあいさつします。

必ず感じよく接してくださるので、歯医者に行くのも気分がよいです（もちろん、無愛想でないお店やクリニックを選んでいます）。

お店で食事をしたときは、「ごちそうさまでした、おいしかったです！」の一言を添えるようにしています。

キッチンにも顔を向けて言うと、オーナーさんやシェフの「はいっ！　ありがとうございます！」といううれしそうな笑顔が見えて、こちらも幸せになります。

「やさしそうな人」に話しかけてみる

ショップでなくてもいいんです。

旅行先で道を尋ねたいとき、写真を撮ってもらいたいとき、できるだけやさしそうな人を見つけてお願いしてみましょう。

反対に、あなたは道端で声をかけられることはありますか？

私は、人見知り時代はまったくお声がかかりませんでしたが、今はよく道を聞かれます。

たぶん昔は、「話しかけるな」オーラ全開だったのでしょうね。

今は、いつ誰の挑戦でも受ける！つもりでいます（笑）。

22

私は、人見知りを克服するために、高校時代の3年間、マクドナルドでアルバイトをしていました。

今もあるかわかりませんが、当時は「スマイル0円」というのがメニューにありました。

大人からのオーダーはあまりありませんが、中学生くらいの男子が「ス、スマイルください……」と言ってくることがあり、無料サービスしてあげてました（笑）。

また、（どの店舗でも同じ品質を提供する）ファストフードなので、「おいしかったです！」とおっしゃるお客様は少なかったですが、それでも、帰り際に「ごちそうさまでした！」と言われると、うれしかったものです。

今のセミナー講師の職業も、やはり受講生さんから「先生に会いたくて来ました！」「講座、とても楽しかったです！」と言われると、疲れが吹っ飛びます。

私の生徒さんは全員あがり症・話しベタさんですが、それでも、お昼休みには誘い合ってランチに出かけたり、帰りには連絡先を交換したりしながら、コミュニケーションを図っています。

あがり症・話しベタさん限定の講座ですから、同じ悩みを持つ人しかいません。その安心感がそうさせるのだと思います。

あなたも、自分を受け入れてくれる、安心安全な場所から、コミュニケーションを始めてみてくださいね！

日付	月　日
話しかけてみたお店	
きもち	

22

\ STEP /

23

電車やバスで席をゆずる

電車やバスでお年寄りや体の不自由な方、ベビーカーの親子などが乗ってきたとき、サッと席をゆずったり、サポートしたり。

そんな素敵な大人に憧れますよね。

多くの人が注目する中での見知らぬ人への声かけ行為……

人見知りさんにとっては勇気のいることでもあります。

「最近のお年寄りは年齢不詳の人も多いし、70代に見えて実は50代かも⁉」

「妊婦さんに見えて、実はただのぽっちゃりさんだったら⁉」

などと考えだすと、一歩がなかなか出ません。

さらに、清水の舞台から飛び降りる思いで声をかけたのに、「すぐ降りるので」とまさかのお断りなんてされた日には！

断られても気にしないメンタルの持ち主ならはじめから苦労しないわけで、その後の気まずさを考えたら、寝たふりを決め込むか、スマホに没頭しているフリをしていたほうがマシ。

私もずっとそう思っていましたので、席をゆずったことなどほとんどありませんでした。

23

今はというと、割と後先考えずに動けるようになり、1日3回席をゆずることも。

さっさとゆずった方が、そのあと1日気分がよいことを知ったからです。

「見ないふり」の思考グセを変える

「傍観者効果」という心理現象をご存じでしょうか。

集団心理のひとつで、あることに対して参加者やその場にいる人が増えれば増えるほど「傍観者」の立場を貫き通してしまう現象のことです。

- 自分はこの人は席をゆずってほしいのだろうと思っているけど、そう思っているのは自分だけかも?
- ゆずらなくても自分だけの責任じゃない。他の人だって傍観している
- ゆずるときに、ちゃんと声が出なかったりしたら恥ずかしい

こうなると、「失敗してしまうよりは、最初からやらないほうがいいや」という考えになってしまいます。

これは、個人個人の性格によるものではなく、人間の習性のひとつ。

つまり誰にでも起こりえることなので、そのこと自体で今の自分を責める必要はありません。

ただし、「だったら仕方ないよね」と開き直ってしまうと、それはそれで、とても危険です。

いじめの構図と同じだからです。

少しずつ、自分のできることから、変えていきましょう。


傍観者の思考グセから抜け出すには、まずこう考えてみることです。

「もし、ほかに誰もいない、1対1のシチュエーションだったらどうだろうか？」


それだったら、とりあえず声をかけてみようと思う人が増えると思います。

それが、あなたにとっての本心です。


お年寄りや体の不自由な人の多くは、助けを求めています。

席をゆずらないことで、「困っているのに助けてもらえなかった人」が増え

23

てしまいます。

世知辛い世の中ですね。

席をゆずったのに断られた場合は、「その人はただ単に困っていないない元気な人だった！」と捉えましょう。

「困っているのに助けてもらえなかった人」が増えるわけではありません。

その行動は決してマイナスにはならないのです。

「私がやるしかない！」

というのもまた、集団の中で自分を動かす魔法の言葉です。

断られても気にならない声のかけ方

思考グセを変えたら、行動です。

声のかけ方もいろいろありますが、私の場合は「よろしければ、どうぞ」です。

「よろしければ」なので、好意を受けるも断るも相手の自由です。

断られたからといって、落ち込むこともありません。

満員電車に乗らない人は、「テーマパークで泣いている迷子の子どもを見かけた」「道に迷って困っている人がいた」場面を想像してみて。

すぐに手を差し伸べられるか、人見知りが邪魔して動くのを躊躇してしまうか……

一瞬迷ったとしても、行動に移せる気持ちを持っていてほしいのです。

ここまで来られたあなたなら、やればできます!!

日付　　月　　日

助けを求めている人がいたらどうしたいか考えてみる

23

STEP

24

会議やセミナーで発言してみる

少しずつ世界が広がっていきますよ！

今日は、会議やセミナーでのシチュエーションです。

センターのポジションをとる

会議や研修、セミナーに参加するとき、どの辺に座りますか？

……ですよね。

私の主催するあがり症克服講座でも、後ろの方から席が埋まっていきます。

前の方にいたら、当てられそうな気がする。

後ろからいろんな人の視線を感じて、ドキドキしちゃうかも。

だから、そっと目立たないように、後ろの方に座るんですよね。


プライベートでも、ご飯を食べるとき、飲み会やパーティー、親戚の集まり、習い事などで、つい、消極的なポジション取りをしていませんか？

「前へどうぞ」と勧められても、「いやいや……」って尻込みしてしまったり。

気持ちはとてもわかりますが、これからは一歩前に出る行動習慣に変えてほしいのです。

私も、かつてはまったく前に出られない人間でした。

会議や研修はわざとギリギリに到着し、うしろをキープ。

飲み会も端っこ、パーティーは決まって壁際。

終わったらさっさと帰るタイプでした。


今はというと、セミナーには一番乗りで、センターをキープ。

ダンス教室でもテニススクールでも一番に入るので、よくインストラクターに間違われます（笑）。


そんな習慣を続けていると、**どんなシチュエーションでも、「そこに自分がいる意味がある」と感じる**ようになり、**自己受容感**が高まりました。

「自分がいてもいなくても変わらない、意味はない」では、自分の価値が見出せませんから。


変えるための方法はただひとつです。

「自分からやる人」になることです。

自信が持てないのは、人にやらされている感があるからです。

これから勉強しようと思ったときに、「勉強しなさい！」って言われると、一気にやる気がなくなりましたよね。

それと同じように、人からの強制を感じる行動は、苦痛でしかありません。

一方で、いつも「時間がない！　忙しい！」と言っている割には、好きな動画やマンガは何度でも観たくなる、読みたくなる。

テストが近い日に限って……

それもまた人間です。

時間がない、忙しいというのは、やりたくないことから逃げるときに使われる言い訳であることが多いのです。

どうせ会議に出席するんだったら、今までと逆の考えを持ちましょう。

やらされ感や言い訳はほどほどにして、自分から行動するようにします。

会議や研修に出るときは、会場のセッティングを手伝ったり、飲み会やパーティーに参加したら、受付や会計をかって出たりしてみましょう。

コミュ力の高い人はそういった行動を自らしているはずです。

24

ポジション取りも大事ですよ。

できれば、講師や主催者、司会から最も近い席に座るのがよいです。

私は、会議の進行やコメント力はテレビの情報番組やバラエティ番組で学ぶことが多いのですが、「アメトーーク」などのトーク・バラエティを見ていると、いわゆる「ひな壇」と呼ばれる芸人さんたちは、緊張しながらチャンスを窺っています。

ベテラン芸人さんなら、大声で「ガヤ」を入れることもできますが、慣れないうちはそうはいきません。

MC横のポジションなら、空気や間合いを読みながら、発言することも可能です。

なるべく早いうちに発言したり、適度に相づちを打つだけでも、その場がホームになって気持ちが楽になります。

「発言を求められるのを待つ」のではなく「発言するチャンスを逃さない」スタンスでいるようにしましょう。

また、他人の話はネタの宝庫です。

他の人が発言しているときは、積極的にメモを取り、話材としてストックしておくと、のちの会議で重宝します。

会議やセミナーは、コミュニケーションスキルを磨く絶好の機会。

存在感を出せるようになると、周りからの信頼感が一気にＵＰしますよ！

日付　月　日

会議やセミナーで自分から発言できたか

24

STEP

25

人に頼み事をしてみる

少しずつ難易度が上がりますね。

長女でA型、典型的「ええかっこしい」の私は、もともと人に甘えたり、相談やお願い事をするのが苦手でした。

天真爛漫に「これやって〜」「これ持って〜」と甘えられる人がうらやましくもあり（実際にそういう女子いますね〜）。

あなたも、周囲への気遣いができて、真面目で謙虚で、責任感が強いがゆえ、他人に頼み事をするのが苦手かもしれませんね。

まず、私たちが理解すべきことは、**人に頼るのは、恥ずかしいことでも情けないことでもない**ということ。

「そんなこともできないのか」とバカにされることもないし、迷惑なんじゃないかと頼む前からあれこれ推測する必要もありません。

ひとりで抱え込んで、苦しい思いをするほうが、友人や家族に心配をかけることになる。

だからひとりで解決できないときは、誰かに相談しましょう。

25

そう自分にも言い聞かせてます（笑）。

STEP⑱でも言ったように、自分の弱点やコンプレックスをさらけ出せるのは信頼の証です。

それに、人は誰かに頼りにされるとうれしいもの。

自分が必要とされていると感じられるからです。

普段あまり頼み事をしない、私やあなたのようなタイプの人から頼られたら、なおさらうれしいはず。

「なんとか力になりたい」とあれこれ考えてくれるでしょう。

ただ、頼み方によって、相手の受け止め方が変わるので、頼む際のマナー、気遣いは必要です。

1つ目は、相手の状況を考えること。

相手の都合を考えずに勢いで頼み事をするのはNG。

状況がわからない場合は、

「今、だいじょうぶですか？」

「時間ありますか？」

などと相手の都合を伺うようにします。

今から移動しようとしているときや、終業間際などの時間帯は、一般的に時間的・心理的余裕がない人が多いので、できれば避けましょう。

2つ目は、期限があることを頼む場合は、余裕を持って早めに頼むようにすること。

夏休みの宿題が終わらなかった8月31日に親にすがるように、期限ギリギリになって、「ごめん、これどうしても今日中にできないんだけど手伝ってもらえないかな……」って頼んでも、そうそう都合よくはいかないものです。

そうなる前に、期限にはゆとりを持って「もうひとりでは厳しそうかな……」って思った時点でアクションを起こすようにしましょう。

その方が、協力してもらえる人に出会える確率が高くなります。

3つ目は、お願いしたい理由を話しましょう。

「○○を××してほしい」だけではなくて、協力してほしい背景まで伝えること。

25

有無を言わさず「スーパーで卵買ってきて」では、まるで子どものお使いです。

ちょっと考えてみてください。

ある日のお昼休みの直前、取引先から電話がかかってきました。対応に少し時間がかかりそうです。

そこでランチを買いに行く同僚に

「私の分もお願いできないかな」

と甘えることはできますか？

真面目な人見知りさんは、「こんなお願い、図々しいかな」と考えてしまうかも。

でも、お願いしなければ、ランチにありつけないだけでなく、素直に言えなかったという後悔を抱えたまま、午後の仕事に臨むことに。

それならば、ここは正直にしてほしいことをお願いしてみましょう！

そして、もし快くお願いを聞いてもらえたときは、「すみません」と謝るのではなくて、「ありがとうございます！」と感謝の言葉を口にしましょう。

謝られると、頼み事を引き受けた方もなんだか悪い気持ちにさせてしまったかなと思ってしまいますが、「ありがとうございます！」であれば、純粋に役に立ててうれしいという気持ちになります。

お互いが相手の役に立ちたいと思える関係は、仲間意識も強いです。

甘え上手は人づき合い上手。

人を信頼した分だけ、信頼されるような、素敵な人間関係を築いていきましょう！

日付　　月　　日

ちょっとしたことをお願いしてみるチャレンジ

25

\ STEP /

26

知人を初めて食事や映画に誘ってみる

「人見知りさんはおひとりさま好き」。
答えはイエスでしょうかノーでしょうか？

どちらも正解かと思います。

本当に「ひとりが好き」な人もいるでしょうが、どちらかといえば、「誰かと一緒にいると精神的にとても疲れてしまうから、ひとりでいる方が気楽」という人が多いような気がします。

実は私は、ひとりでカフェや飲食店に入れない面倒くさいタイプです（苦笑）。

人と会うと気疲れするくせに、超がつくほどの寂しがり屋なんですよね。
周りが楽しそうにおしゃべりしていると、どんどん寂しくなってしまうし、人の目が気になってしまうのです。

どうしても外食しなくてはならないときは、おひとりさまの多いファストフードで済ませます。

26

だから、一人旅とか、ソロキャンプできる人は、尊敬しかありません‼

そんな風なので、旅行や食事、ライブや映画に行きたいときは、一緒に行ってくれる仲間探しが必要です（笑）。

「知人」から「仲間」に

学生時代は、好きなアイドルやバンド、アニメ、スポーツなどの共通の趣味がきっかけで、なんとなくグループができましたよね。

高校生ぐらいになると、自分たちでチケットを取ってライブや映画を観に行ったりして。

親や家族とじゃない、自分たちで行動できることが、大人に一歩近づいたようで、うれしく感じたものです。

そのころの仲間とは、今でも一緒にライブに行きます。

反対に、大人になってから、そういったプライベートで仲良くする仲間を見つけるのは、ちょっと難しいのかもしれません。

最近はSNSやマッチングアプリを使っての出会いもあるでしょうが、それこそ人見知りさんにはハードル高いですよね。

私自身も、大人になってからの仕事以外の友人は本当に少ないのですが、唯一、交流があるのが、趣味であるテニスやダンスのスクールの仲間です。

ベースに共通の趣味がある分、仲良くなるのにそこまでハードルも高くないですね。

運動系のスクールは名札がないので、まずは名前を覚えて呼び合うところから。

下の名前やニックネームで呼び合えたら、第一関門クリアです。

次のステップは、レッスン後にお茶やランチに誘うこと。

たいてい施設内にカフェが併設されているので、まずはそこから。

お互いもっと話したい、仲良くなりたいと思えたら

「今度はあのお店のランチに行ってみない？」

と誘ってみます。

そして、もし気が合ったら、次はぜひライブや映画など、お出かけに誘ってみましょう。

26

「STEP㉑　好きな音楽や映画を人に推してみる」でも触れましたが、好きな音楽やドラマ、映画などを人にオススメするのは、自己主張初心者さんには最も取りかかりやすい方法ですし、同じ時間に同じ場所で、同じ喜びを共有できるのは最高に幸せなことです。

今は、YouTubeなどでいくらでも動画が観られる時代ですが、やはりナマの体験に勝るものはないと思います。

私はよく、音楽ライブやお笑いライブに行くのですが、一番好きなのは、終わったあとに一杯飲みながら、一緒に行った人とあーだこーだ言うことです。


「あのアレンジがよかった！」

「今日のセトリ最高！」

とか、

「あのコントの設定たまらない！」

「あの伏線回収が見事！」

とか（笑）

その場にいた人だけが共有できる楽しさです。

現地に行けないときは、家などで一緒に好きな映画や動画を観ながら、あーだこーだ言うのもいいですね！

気の合う仲間とおいしいお酒やゴハンをともにするのは至福の時間です。自分が好きなことを大切にしつつ、友人・知人との楽しい時間を共有しましょう！

いつ

どこで

誰と

何をしたい

きもち

26

STEP

27

できないことは断る

人見知りさんが、人にビクビクせず居心地よい場所をつくるには、嫌なことやできないことはきちんと断るスキルも必要です。

私は、小さいころから内向的で敏感気質な子どもだったので、頼まれ事を断ることができませんでした。

誰も手を挙げないと、クラスの学級委員などの係を押しつけられることが多く、そのうえ、責任感だけは人一倍強く途中で投げ出したりすることもできなくて、ずいぶんと苦しい思いをしてきました。

私の親友Aちゃんは、とてもやさしい子で、やはり強く断れません。ある日、学生時代の友だちから5万円貸してほしいと言われ、つい貸してしまいました。

それ以降、定期的に泣きついてくるようになり……　今はきっぱり手を切ったそうですが、返してもらうのにかなり苦労したそうです。

私のところにも、「よい保険がある」「よい化粧品がある」的な話が時々来ますが、きっぱり断っています。

27

そのほか、うまい投資話がある、儲け話がある、そんな類の話は毅然とした態度で断るのが賢明です。

ただたとえば、STEP㉕でお伝えしたような、信頼できる人に何かを頼まれたときが難しいんですよね。

嫌われたり、がっかりされるのを気にして、断るのを躊躇してしまう。

そんな経験もあるでしょう。

ですが、何でも受け入れることがやさしさ、断るのは冷たい人、ということでは決してありません。

無理なスケジュールで引き受けてしまうと、結果、期待に応えられない、約束を破ってしまうということになりかねません。

時間的、物理的、能力的にどうしてもできないときは、断っていいのです。

ただし、断るときは、頭ごなしにではなく、時間や内容を考えたうえであることを、しっかりと伝えましょう。

上手な断り方にはポイントがあります。

まず知っておいてほしいのは、だいたいの場合「全部できません」「全部できます」という**「1か0」で回答しなくていい**ということ。

まるっと引き受けられれば、それでいいですよね。

でも、それが難しい場合は、「ここまでならできそうだけど、それ以上は難しいかな」というラインがないか、考えてみましょう。

それが8割かもしれないし、5割かも、もしかしたら2割かもしれない。

考えることで**「役に立ちたい気持ちがある」**ことが相手に伝わります。

「○月△日までは難しいけど、あと2日間、日にちをもらえたら、できるかもしれない」というのもアリです。

全部無理と断るよりも、ソフトに感じます。

人見知りさんは相手の気持ちに敏感な人もとても多くて、ガッカリされると自分まで気持ちが落ち込んでしまう一面があると思います。

だけど、少しでも手伝えることがあるかもって伝えられたら、少し気が楽になりますよね。


それと、**ウソの理由はつかない**ことです。

本当は能力的に難しそうだけど、忙しいフリして「時間がない」とウソをついてしまうと、バレたときに信頼関係を失ってしまいます。


残念ながら、中にはただのワガママな要求をしてくる人や、「本来は自分でするべきことでしょ」っていうことを頼んでくる人もいるかもしれません。

その場合も、何でも受け入れることがやさしさと考えないで。

今回お伝えしているステップで「できる」「できない」「ここまでなら手伝える」の判断をすると、断ることもしやすくなっていくのでオススメです。

そして自分のため、相手のためにもなります。


私は基本、依頼された仕事はすべて引き受けるスタイルでやっていますが、どうしても難しい場合もあります。そんなときは、

「私はこの日は先約が入っておりますが、〇日なら可能です。また、スタッフでよろしければこの日程でも可能です。」

といって調整させていただくこともあります。

ただ断るだけでなく、お互いにとっていい代替案を出すことで、さらなる信頼関係に発展することもあります。

断るときは、「声をかけてくれて光栄です！」「誘ってくれてありがとう！」の一言を忘れずに！

断る中にも、さらにいい関係をつくるチャンスが隠れています。

上手に断れるコミュニケーションの力をつけていきましょう！

大事メモ

断るときの3つのポイントを覚えておこう

① 「1か0」で回答しなくていい

② 「役に立ちたい気持ちがある」ことを伝える

③ お互いにとっていい代替案を出す

27

STEP

28

「あっち側」の人とは程よい距離を保つ

日本テレビ系列の「午前0時の森　おかえり、こっち側の集い」という番組をご存じでしょうか。

人見知り芸人の代表格、我らがオードリー若林さんが、小心者であれこれ考えちゃう「こっち側」さんたちをゲストとしてお迎えし、悩みを打ち明けあうトーク番組です。

（若林さんには、かつて私、人見知り解消レッスンをしています！）

華やかそうに見える芸能界ですが、実は「こっち側」も多く潜んでおり、若林さんを中心に「こっち側の一大勢力」をつくるというコンセプトも面白いです。

改めて、「こっち側」・「あっち側」の特徴は

●こっち側
気にしい、あれこれ考えてしまう、目立ちたくない、盛り上がっている会話には入れない、人間関係は狭い等、いわゆる「陰キャ」

●あっち側
人目は気にしない、誰とでも分け隔てなく話せる、目立つの大好き、人間関係は広い等、いわゆる「陽キャ」

28

人見知りさんはまさしく「こっち側」ということになりますね。

アンケートを取ってみたら、私の感覚では7〜8割は「こっち側」の人なのではないでしょうか。

私も普段はもちろん「こっち側」ど真ん中です！

・ハロウィンで用事もないのに渋谷に集まる人の気が知れません！

・ディズニーやユニバーサルスタジオなどのランド系に行ったときの仮装すら苦手で、一度もしたことありません！

・スポーツ観戦に行って、知らない人にハイタッチやハグするなんて、正気の沙汰ではありません！（笑）

でも、セミナー講師として人前で話すときは、多くのタレントさんがおっしゃるように、「あっち側のスイッチ」を入れています。

仕事であれば猫耳カチューシャもつけられますし、自らハイタッチしにいく側にもなれるから不思議なものです。

「普段はこっち側、仕事のときはあっち側スイッチを入れる」

それで充分かと思っています。

「こっち側・あっち側」
「陰キャ・陽キャ」
どちらが優れていることでは決してありませんし、ひとりの人間の中に、あっち側とこっち側があると思っています。

明るく振る舞っている人にだって、影はあるし、その逆もあります。

ただ、長年こっちとあっちを行き来していて思うのは、「こっち側のほうが若干生きづらい」ということです。

こっち側にいると、あっち側にいる人のことを強く意識しますよね。
けれど、**あっちの世界にいる人は、こっちの世界のことをそこまで気にしていない**ことが多いです。

誰も気にしていないのに、自分だけが人目を気にして、自らの行動を制限してしまうのは、とてももったいないですよね。

28

猫耳も、さっさとつけたもん勝ちということです！

もちろん、無理のない範囲でね。

それぞれが生きやすい世界で、居心地のよい場所で、お互いを尊重し、素敵な時間を過ごせるのが理想ですね。

そのためには、「こっち側」・「あっち側」両方の気持ちや習性を理解し、程よい距離を保ちながら、共存していく努力が大切なんだと思います。

陽キャや派手目の人ってどうやっても目立つから、イケてない自分と比べて落ち込んでしまったり。

でも、高級ブランドで全身固めている人って、実はありのままの自分に自信が持てず、フル装備してるだけかもしれない。

夜な夜なパーティーに繰り出し、有名人を取り巻いてウェイウェイしている人に限って、自分の能力やスキルに自信がなかったりするものです。

そう考えると、「あっち側」も大変だし、「あっち側」の住人の方のことも愛おしく思えてきませんか。

「目に見えるものがすべてとは限らない」し、見方や立場によって見えるものが変わることもあります。

あなたや、あなたの周りは、どうですか？

日付	やったこと	きもち
月　日		

28

\ STEP /

29

マウントを取ってくる相手は上手にかわす

「マウントを取る」という言葉をよく聞くようになったのは、いつごろでしょうか。

「マウント」とは、英語の「mount」のことで、「またがる」という意味があります。

そして「マウンティング」は、サルやチンパンジー、ゴリラなどが、相手に馬乗りになるようにまたがる行動のこと。

相手よりも自分が優位であることを誇示するための行為であることから、人間社会でも、「自分の優位性をアピールする行為」として使われるようになったようです。

人は誰でも、「他人から認められたい」「すごいと思われたい」「注目されたい」「一番でいたい」「いいね！がほしい」といった承認欲求や自己顕示欲があるものです。

ですが、それらが必要以上に強いと、自分の欲求を満たすために、無意識にマウンティングをしてしまうのです。

29

あなたもマウントを取られ、嫌な思いをしたことがあるかもしれませんね。

どんな人がターゲットになりやすいかというと、それはやはり、「やさしくおとなしいタイプ」。

- 常に受け身で嫌と言えない人
- 押しに弱く流されやすい人
- 優柔不断な人
- 言い返したり反発してこない人

は、マウンティングされやすいのです。

マウンティング欲求のある人は、常に自分の意見に同調してくれる人を探して、自尊心を満たそうとしているわけです。

できればそんな人の餌食になりたくないですよね……。

マウントされないために自分を守る

では、マウントされないためには、どうしたらよいでしょうか。

まずは、そういう人とは「距離を置く」こと。

相手を変えることは難しいし、マウント癖のある人が、人の意見やアドバイスに耳を傾けるとも思えません。

ですから、マウンティング被害に遭わないために、なるべく相手と距離を置いて、関わらないようにしましょう。

可能でしたら、電話・メール・LINEなどのSNSのつながりをブロックできるといいですね。

そして、あまり深入りしないこと。

仲の良い友だち、信頼できる間柄なら、「彼氏と旅行へ行った」「車を買い替えた」などといったプライベートの話をして盛り上がるのは楽しいことです。

でも、マウントを取ってくる相手には少々注意が必要。

学歴や家柄、年収、家や車、持ち物など人と比較できる情報を与えれば与えるほど、マウントを取られるリスクが高くなるので、プライベートの話はほどほどにしておくのが得策です。

29

マウントを取られても、うまくいなす

次に、マウントを取られたときの対処法ですが、上手にいなすすべを身につけることです。

自慢が始まったら、

「そうなんですね～」

「すごいですね～」

などと

- 常に平常心で**適当にあしらいつつも、**
- **決して話を掘り下げず、**
- **タイミングを見て早めにその場から離れます。**

「まだ結婚しないの?」「子どもつくらないの?」などという余計なお世話マウンティングにも、「そうですね～、そのうちに～」などと適当にあしらっときましょう。

まともに相手にすると、向こうがさらに図に乗ります。

周囲の人から見たら、「大人の対応してるね、エライ！」って感じで、あなたの評価だけが上がります（笑）。

決してやってはいけないのは、同じ土俵に上がること。

正面切ってマウントを取られたら、カチンとくることもありますが、レベルの低い相手と張り合うのは、あなたのレベル・価値を下げるだけ。

何の得もありませんから、ここはさらりと受け流し、毎日を心穏やかに過ごすことを優先しましょう！

大事メモ

マウント取られたときの３つのポイントを覚えておこう

①常に平常心で適当にあしらう

②話を掘り下げない

③早めにその場から離れる

29

STEP

30

「人見知りを克服してやってみたいこと」を始める

さあ、いよいよ最終ステップ！
今までたくさん頑張りましたね！

最初の方は、自分ひとりでもできることから始まり、少しずつ自信をつけていける小さなチャレンジをお伝えしてきました。
中盤あたりから、あらゆるシチュエーションでの人見知り対策や克服法について学んできましたね。

知識を得ることができたら、あとは実践あるのみです！

STEP①で立てた目標を覚えていますか？
17ページを振り返ってみましょう。

もしかしたら、このSTEP㉚のページに到達するまでの間に始められた人もいるかもしれませんし、目標が変わってきた人もいるかと思います。
もちろん、それはそれでOKです！

この本の影響を受けて、「もっと、こういうこともできるかも！」って思ってもらえたなら、それほどうれしいことはありません。

やってほしくないのは、自分に制限をかけること。

「できない」「ダメ」「ムリ」と決めつけることです。

自分の発する言葉を一番聞いているのは、自分自身ですから。

自分に制限をかけ、可能性を狭めてしまうと、本来持っている実力や能力が発揮できなくなってしまいます。

そして、そのことに自分でも気づかないままということがほとんどです。

秘密兵器が秘密のまま終わるようなものです。

あなたの人生の可能性を広げるには、まずこの**メンタルブロックをはずす**ことです。

「人見知りだから○○ができない」という考え方が無意識レベルで根づいている人は、「**人見知りだって○○ができる！**」と言い換えるようにしましょう。

そして、他人と比べないこと。

人の気持ちや意識は目に見えないので、比べても意味がありません。

そもそもですが、何をもって人見知りかって、とらえ方は人それぞれ、白黒つけることもできません。


最後に、人見知りは長所でもあり、武器でもあると知ることです。


私は、長年のあがり症・対人恐怖症を克服して、コミュニケーション系の講師になりました。

克服前の10~20代を暗黒期、克服後の30代以降をパラダイス期と自ら呼んでいますが(笑)、本当に人生を2度生きているような、得した気分すらしています。

それは、対人関係で苦しい時期があったからこそです。


私が代表を務める「一般社団法人あがり症克服協会」の認定講師の条件は、「元あがり症であること」です。

人知れず悩んだ経験がある者だからこそ、過去の自分と同じ悩みを持つ人の気持ちに寄り添える、そう思っています。

ここまで続けてきたあなたも、人見知り克服の準備ができてきています。

いいえ、もう取り組み始めただけで、半分克服したようなものです。

「STEP○の項目がまだできるようになっていない」からと言って、STEP㉚の項目を始めちゃいけないなんてルールもありません。

100点満点でなくても進んでいっていいのです。

今のあなたに大事なのは、やってみるという経験。

迷うことややうまく行かないことがあったら、またこの本にいつでも戻ってきてください。

いつでもどこからでもやり直し可能です。

やってみて、「この本に書いてあることはこういうことだったのか」と気づくこともあると思います。

それは、確実に前より成長している証です。

そんなときは自分を思いっきり褒めてあげてくださいね。

さあ、今日から人見知りという重いコートを脱いで、新しい自分に出会いにいきましょう！

いつでも寄り添い、応援しています。

日付	始めること	きもち
月　日		

30

著者
鳥谷朝代（とりたに・あさよ）
一般社団法人あがり症克服協会　代表理事
株式会社スピーチ塾　代表取締役
心理カウンセラー
NHK カルチャー話し方講師

幼少期から引っ込み思案で内向的な性格であったが、中学の国語の本読みで声が震えたのがきっかけで極度のあがり症、対人恐怖症になる。

あがり症のため大学進学を諦め、名古屋市役所に入庁。市長秘書、教育委員会職員、市議会職員などを歴任。
仮病を使いあらゆる人前から逃げ続けた結果、自律神経失調症になり役所を 3 ヶ月休職する。

市職員時代、20 分の発表を命じられ、役所を辞めようかと思うほど追い詰められる。
心療内科の通院、高額の催眠療法を試すが効果がなく、最後の砦のつもりで話し方教室に入会し、長年のあがり症、対人恐怖症を克服する。

「話し方教室に救われた自分に出来ることは、同じようにあがりで苦しむ人を助けること」と考え、14 年務めた名古屋市役所を退職し、「一般社団法人あがり症克服協会」を設立、理事長に就任。

全国各地の学校、企業で年間 200 回以上の講演活動を行 い、政治家や教師、弁護士、経営者、公務員から学生まで広く指導、克服へ導いた受講生は 7 万人を超える。

「あさイチ」「ごごナマ」「ZIP!」「まる得マガジン」などテレビ出演も多数。
オードリー若林さん、トレンディエンジェル斎藤さん、カラテカ矢部さんの人見知り克服指導も行う。

6 万 5 千部超のベストセラー「人前であがらずに話せる方法（大和書房）」他、「人前であがらない人とあがる人の習慣（明日香出版社）」など、あがり症に関する著書や DVD を 20 冊以上発行、累計 30 万部を超えている。

【一般社団法人あがり症克服協会　公式サイト】
https://agarishow.or.jp/

30ステップで人見知りさんがどこでもラクに過ごせるようになる

2024年3月25日 初版発行

著者 鳥谷朝代
発行者 石野栄一
発行 明日香出版社
〒112-0005 東京都文京区水道2-11-5
電話 03-5395-7650
https://www.asuka-g.co.jp
装丁・本文デザイン 菊池祐／今住真由美（ライラック）
カバーイラスト 小幡彩貴
本文イラスト 清水利江子
校正 共同制作社
印刷・製本 シナノ印刷株式会社

ISBN978-4-7569-2319-6